RELATION
DE CE QVI S'EST
passé à Toulouse le 3. 10.
& 11. Feurier;

POVR LE MARIAGE
de Madame sœur du ROY,
auec le Prince de Sauoye.

A TOVLOVSE,

Par Raymond Colomiez , Imprimeur
ordinaire du Roy. M.DC.XIX.

A MONSIEVR
DE BASSOMPIERRE.

ONSIEVR,

La raiſon veut, que les belles inuentions des eſprits excellents, ſe vienent ſouſmetre au voſtre, comme à l'exemple inimitable des gentilleſſes, non ſeulement de la Court où vous eſtes, mais du ſiecle ou nous viuons. Cette conſideration m'oblige à vous enuoyer le Diſcours des feſtes & des magnificences que Monſeigneur le Duc de Monmorency a durant ce dernier Carneual fait voir à Toulouſe. Ie m'y ſuis rencontré, & ay ſoigneuſement remarqué toutes les particularitez des parties, ſoit de Dance,

A

de Quintaine, ou de bague, afin que soi-
gneusement je peusse vous informer,
de tout ce qui m'a semblé digne du
goust de vostre curiosité & des applau-
dissements de vostre jugement. Si le mié
ne me deçoit, vous n'aurez point de regret d'occuper vne demi heure de vostre
loisir, à lire ce que je vous en escris.
Quoi que vous ne trouuiez ni ornement, ni iustesse aux paroles, & que je
me sois tenu dans les bornes qu'vne sim-
ple & naïue relation m'a prescrites. Ce
qui fait que je me flate par vne si douce
creance est, que sans mettre en conte les
graces & les qualitez, qui font que vous
estimez des miracles, toutes les actions
de la grandeur d'ou procede tout ce que
vous lirez ici de beau & de recomman-
dable; Le subjet de ces joyes publiques,
vous obligera à ce bon accueil. l'entens parler de la nouuelle alliance de
France & de Sauoye, qui estant si agreable à ceux, qui comme vous, portent
les Fleurs de lys viuement grauees en
leur cœur, a esté la seule cause qui a

pouſſé Monſeigneur de Monmorency à ces dépences, & à ceſte réjouiſſance. Il auoit de tres-juſtes ſubjets pour s'en ex-cuſer: La perte de deux perſonnes qui luy eſtoient & fort proches & extreme-ment cheres, ſembloit ne luy perme-tre que la triſteſſe & le dueil: Mais eſtant d'vne inclination qui a plus de ſenti-ment pour le general de l'Eſtat, que pour le particulier de ſa maiſon, il a par vne forte reſolution fait ceder les ennuis do-meſtiques, aux publiques contentemés & teſmoigné auec ce grand nombre de Nobleſſe qu'il auoit apellée aupres de luy, combien ardemment il embraſſe les intereſts du Royaume, & quel excez d'aiſe le tranſporte de voir la puiſſance qui eſt audela des Alpes, à l'imitation de celle qui eſt audela des Pyrenees, re-chercher la bien veüillance de noſtre grand Roy. Face le ciel que bien toſt il poſſede autant de couronnes qu'il poſſe-de de vertus, afin que le Soleil n'eſclai-re à pas vn climat de l'Vniuers, qui ne ſoit ſoubs l'obeïſſance de cet adorable

Monarque. C'eſt mon principal ſouhait comme de vous faire paroiſtre, que je ſuis,

MONSIEVR,

Voſtre tres-humble & tres-obeïſſant ſeruiteur.

ΦΦ.

RELATION

DE CE QVI S'EST

passé à Toulouse le 3. 10. & 11.
Feurier, pour la publication du
Mariage de Madame sœur du
Roy, auec le Prince de Sauoye.

DES que les courriers, que la renōmée a accoustumé d'enuoyer sur les aisles des vents les plus legers, par tous les coings de l'Vniuers, lors qu'elle veut mettre dans les oreilles des hommes, les grandes actions des Grands, eurent resiouy les fleurs de Lys, & tous ceux qui en cherissent la gloire, par l'heureuse & certaine nouuelle de l'aliance de France, & de Sauoye ; Monseigneur le Duc de Monmorency, qui a des particulieres & extre-

A 3

mement violentes affections pour l'honneur
de l'Empire où il est né, & pour le contentement de ce grand Roy, que le Ciel luy a donné pour maistre, se resolut de tesmoigner par
des festes & des resiouïssances publiques, les
excez de la juste joye dõt son ame estoit trans-
portée, par le prospere succez de ce traitté de
mariage, dont le commencement, & les suy-
tes luy estoit parfaitement cogneuës, comme
estant vn des premiers Officiers de ceste Co-
ronne, & d'vne sagesse & fidelité, à qui les secrets les plus importants de l'Estat sont ordi-
nairement fiez.

Lors que cet agreable message luy fut apor-
té, il estoit à Toulouse, qui de toutes les villes
de son gouuernement est la premiere, comme
la seconde du Royaume; ce fut là qu'il appella
non seulement la plus adroitte, & la plus esti-
mable Noblesse de Languedoc, mais encore
vne partie de celle de Guyenne, affin que de
ce grand nombre de Gentils-hommes qu'il
inuitoit à se rendre pres de luy, il pût faire
eslection de quelques vns dont l'âge, la grace, & l'adresse, fussent propres à faire reussir
les desseins qu'il s'estoit proposé pour la dance, & pour les courses de la quintaine, & de
la bague.

Ce grand Duc trouua bon de commencer
ces magnificences par vn balet, pour les finir
par la bague: & ce fut à mon aduis affin que si

en la premiere action il paroiſſoit en Amour,
en la derniere il parut en Mars.

Pour faire donc ceſte premiere partie telle,
qu'elle peut reſpondre à l'attente de tous les
beaux eſprits,& les clairs iugemens qui en ſça-
uoyent la propoſition, il choiſit Monſieur le
Comte de Carmaing, M. le Marquis Deſportes,
M. le Marquis de Mirepoix, M. le Baron de
Montaut, M. le Baron de ſaint Gery, M. de la
Yllere, M. le barō de Pordiac, M. de S. Auban,
M. de Verdale, & les Sieurs de Rahou, & de
la Seſquiere, tous fort gentils Caualiers, &
dignes de paroiſtre en vne action, où la diſpo-
ſition,& la grace ſont neceſſairement deman-
dées. Le deſſein du balet eſtant pris, & le jour
qu'on le deuoit dancer aſſigné, chacun tra-
uailla par vne genereuſe & loüable emulatiō,
à ſurmonter ſes compagnons en liurées, deuiſes,pas,& inuentions:tout cela en l'eſpace de ſi
peu de temps, qu'on ouït auſſi toſt dire que le
balet eſtoit dancé que reſolu.

A l'hoſtel où Mōſeigneur de Monmorency
eſtoit logé,& dans la ſale du bal, on fit dreſſer
des barrieres de huit toiſes en carre, ou per-
ſonne n'entroit que ceux qui deuoit dancer.

Au bout de la ſale on auoit fait eſleuer des
degrez en forme d'amphitheatre,où toutes les
Dames eſtoyent rangées. Au bas des degrez
ſur des chaires eſtoit Madame de Monmorancy, accompagnée des Dames les plus apparen-

tes du païs. Les flancs de la fale eftoient aufli
garnis de degrez, tous remplis de Dames & de
Gentils-hommes. L'ordre y fut fi bien obfer-
ué par tout, qu'il n'y eut faute ni de place, ni de
filence, ni de lumiere; & cela fut fuyui par toutes les affemblées ou le balet fut veu.

Iamais balet ne fut plus juftement dancé,
ni mafques mieux veftus; les habits eftoient fi
fuperbes qu'il n'y fi pouuoit rien adjouter, tant
ceux qui en auoient pris le foin arriuerent
au bout de leur entreprife : & fur tout pour ce
qui regardoit Monfeigneur de Monmorency,
ou rien ne fut efpargné, & ou le Sieur de Pi-
lon, Maiftre d'hoftel de Madame, fit paroiftre
fa fuffifance, & fon bon efprit.

La nuict du troifiefme Feurier eftant venuë, & la fale du bal eftant preparée en la façon que ie vous ay dit : Vn Magicien parut
veftu d'vne longue robe de fatin bleu, bandée
de deux grandes bandes de toile d'argent, les
cheueux épars, vne capeline de fatin incarnat
chamarrée d'or, vn laurier à la tefte entouré
de gaze d'argent, qui luy tomboit iufques au
deffus des talons, & vne branche de houx à la
main.

C'eftoit Goudelin, homme de fort bon efprit, & qui a des graces nompareilles en tout
ce qu'il dit. Il commença à parler en langage
vulgaire en ce fens icy:

Ie fuis le fameux Zoroaftre Prince des efprits

prits infernaux, & veritable interprete de la destinée des amans ; Ie puis par la magie de mes caracteres soulager les rigueurs de leurs peines : ou par l'aspect des planettes, presager les euenemens de leurs passions.

Vn jour que ie cherchoy curieusement à voir dãs le ciel ces lampes eternelles, ces yeux diuins, de qui la fauorable, ou rigoureuse influence donne la vie ou la mort à ceux qui les admirent : pressé de reueler ce qui demeure caché dans l'abisme de leur puissance lumineuse à douze Cheualiers, ie m'aperceus qu'elles auoient quité leur demeure ordinaire ; & sceus par le moyen de mes demons fidelles, que c'estoit pour se venir rendre en ce lieu à l'entour de leur Roy, le Soleil, qui s'aprochãt de nostre tropique estoit bien aise de les perfectionner, plustost que de les eclipser par l'excez de sa lumiere.

I'attelay mon chariot soudain des plus vistes aigles qui portent les foudres de Iupiter, dont le vol esgalant ma pensée m'a conduit presque en vn instant en ce desirable sejour, ou ie voy le Soleil d'vn costé, la Lune de l'autre ; la Venus l'amoureuse, icy Mercure l'officieux, plus loin Mars le coleré, le puissant Iupiter, & le morne Saturne ? ô dieux que d'images, que d'estoiles errantes ! voila, voila ce que ie cherchoy.

Mettons donc la main à nos instrumens

aſtronomiques, & tachons à tirer les figures que nous auons promiſes à ces douze Cheua-liers amoureux.

L'Aſtrologue feignant de meſurer les diſtances & ſituations des eſtoiles, danſa tout ſeul,& fit huit ou dix figures: Apres il dit ces paroles.

C'eſt aſſez ô miſerables amans, ie n'augure pour vous que des peines & des ingratitudes, des ſeruices mal recognus , & des fidelitez meſpriſées; Mais à fin que vous ayez aumoins le bien d'adorer vos ennemis, & la cauſe de vos martires, Ie veux que mes eſprits vous portent en ceſte place tout maintenant,

Accourez ; Icy il fit l'inuocation de cer-tains noms d'eſprits extrauagans.

PVIS IL DIT,

Ie vous conjure par les foibles reſiſtances d'vne amante, qui vaincuë d'amour , capitule pour ſon honneur auec l'amant victorieux:Par l'extaſe des deux amoureux qui ſe diſſoluent en regards languiſſans: Par les baiſers moites & pareſſeux de deux bouches ennyurées de plaiſirs:Par le begayement de leurs langues,Et par ces noms mignars deſquels ils s'appellent en mourant de la mort de Tircis: Par la vanité de leurs eſpoirs , & la certitude de leurs dou-leurs:Par les reproches , flateries , menaces & dédains d'vn eſprit plus amoureux qu'offencé:

Par les espines de la deffiance, & les mortels
glaçons de la jalousie:Par la fragilité de la foy,
& des coleres de ceux qui viuent esclaues de
l'amour que vous ayez à mener dans ce cercle
les trois plus inconstans Cheualiers de l'Azie,
les trois plus hardis de l'Afrique, les trois plus
heureux de l'Amerique,& les trois plus aimables de l'Europe;& peut estre que l'amour qui
domine mesme les puissances celestes, touché
de la pitié de leurs maux, & de la gentilesse de
leur merite,chãgera leurs fers & leurs geennes
en autant de delices & de contentemens.

   Soudain qu'il eut acheué de parler il se re-
tira , & les violons joüierent vn air. C'estoit
pour l'entrée de Monsieur le Comte de Carmaing, qui faisoit la partie des Inconstans,
acompagné du Sieur de saint Auban, & de
Verdalle. Ils representoient les Chinois qui
venoient des confins plus reculez de l'Azie:
deuant eux marchoient trois pages habillez
de satin vert,auec des aisles au chapeau: & sur
les espaules : l'vn d'eux portoit vne cassolette:
l'autre vne fiole remplie d'eau d'ange qu'il
versoit par tout : & le dernier de la poudre de
cipre dãs vne boëte, qu'il jettoit par fois abõ-
damment sur la teste des Dames:cela se faisoit
auec des figures , & des pas fort propres à cet
effet. Apres qu'ils eurent assez parfumé la sa-
le,chacun porta la deuise de son maistre à Madame, auec vn cartel pour la deffence de l'in-

constance. La deuise de Monsieur le Comte
de Carmaing estoit vn grand feu alumé qui
jettoit vne infinité d'estincelles soubs vn ciel
paré d'estoiles sans nombre, auec ce mot,

Por cada estrella,
Su centella.

Celle du Sieur de saint Auban estoit vne
giroüette que quatre amours souffloient, auec
ce mot,

A todos.

Celle du Sieur de Verdalle, vn Ailerion
auec ces quatre vers,

Desto paxaro volante
Voy siguiendo la natura,
Que no puede ser constante
Que dentro la sepultura.

Le cartel estoit ainsi,

DEFFENCE DE L'IN-
constance pour les Cheualiers
de la Chine.

AVX DAMES.

EVX qui s'attachent à l'apparence plus qu'à la verité, & qui fleschissent soubs les loix de l'opinion plus valontiers que soubs les enseignemens d'vne vraye & naturelle raison, pourroient peut estre blasmer le nom que nous portons, ignorant que c'est que la vraye legereté. Il nous importe donc de leur aprendre que ce n'est pas vne changeante varieté de desirs, à fuyure ou fuir vne ou plusieurs choses presque en mesme temps ; que ce n'est pas aussi violer sa foy, manquer à ses promesses, ni fallir à ses sermens : car ce seroit estre perfide, menteur, & parjure ; c'est

B 3

au contraire vne constante application de nostre entendement à tout ce qui porte les marques de ceste premiere & supreme beauté, pour considerer auec plaisir, icy la grace, là l'esclat du teint, en quelqu'autre visage l'exacte proportiõ des traits, & suyuãt la diuersité des sujets admirer les images plus viues de ceste incomprehensible perfection, si bien que cueillant les roses sans toucher aux espines, nous composons de tant de fleurs differantes le miel d'vne sainte & permise volupté, & estimons malheureux ceux qui au lieu de se prester aux choses s'y engagent temerairement, & ne recognoissent pas que la liberté leur est autant conuenable que la propre raison. Pourquoi dõc s'en trouue t'il de si miserables, qui ne sçachant vser de tant de richesses de la nature & du ciel, & se restraignant en vn seul sujet, demeurent parmi vne telle

abondance volontairement pauures
& neceſſiteux ? Quel demon les pouſſe
à rendre les armes de la raiſon à la foi-
bleſſe des ſens ? qu'elle alienation d'eſ-
prit, de prendre pour recompence les
priſons, les fers, & les chaiſnes qu'on
donne à autruy pour chaſtiment ? Ce
n'eſt pas que nous ne veuillons reuerer,
loüer, & adorer vos merites : & que
nous ne ſçachions ſeruir, ſouſpirer, &
pleurer voire dauantage s'il eſt beſoin.
Mais parce que nous aimons vni-
uerſellement la beauté où elle ſe rencon-
tre, ne trouuez pas eſtrange ſi la nature
l'ayant eſparſe en tant de ſujets, nous
rendons en chacun les adorations que
nous luy deuons : & au lieu de blaſmer
noſtre humeur legere, aprouuez, Belles,
noſtre conſtante reſolution.

Les Pages ayant donné les deuiſes & le
cartel à Madame, & aux Dames les plus ſig-
nalées, ils firent place aux Cheualiers de la

Chine, de qui les habits & les pas estoient aussi
bizarres que leur humeur. Ils portoient vne
robe qui alloit jusques au genouil, faite à la
façon de leur païs, auec vn rochet de mesme
liurée : leur coiffeure estoit à cinq ou six esta-
ges, enrichie de grande quantité d'aigrettes.

Ils auoient encore vn tambour de basque
à la main, auec lequel ils marquoient les ca-
dances : & sur le reuers de chacun, on voyoit
peint vn arcanciel auec ce mot.

Assy vario en amores,
Como en colores.

Ils danserent tantost sur vn air graue &
magestueux : puis sur vn autre follastre, & fort
extrauagant : & accommoderent ainsi leurs
pas, leurs habits, & toutes leurs liurées au dessein qu'ils auoient pris, en quoy ils furent ad-
mirez de tout le monde.

Apres ceste entrée parut celle du Marquis
de Mirepoix , acompagné du Baron de S.
Gery, & du Sieur de la Sesquiere, soubs le nom
des Hardis de l'Afrique.

Premierement vn homme entroit vestu en
Zany , tout couuert de sonnettes d'argent, de
qui l'habillement, & les postures, quoy qu'ex-
trémement ridicules, l'estoient encores moins
que les discours ; sa harangue meslée du bar-
rogoin

ragoin de Toulouse, Gascongne, & France, le
faisoit paroistre en langage tel qu'il se disoit
en naissance. Apres vn long recit de ses aduentures, & qu'il eut chanté quelque air de la
Cour d'Afrique : Il dit qu'il conduisoit en ces
lieux trois Cheualiers de ceste nation, pour
les y faire autant admirer par leur gentillesse,
& disposition à la danse, qu'ils s'estoient faits
redouter au reste du monde par les merueilles
de leurs armes.

Apres auoir entretenu la compagnie de
leurs hauts faits, il donna à Madame leur deuise & leurs vers, la deuise de Monsieur le
Marquis de Mirepoix estoit, vn Aigle qui en
volant s'approchoit du Soleil auec ce mot,

Tan querido que atreuido.

Celle de Monsieur le Baron de S. Gery
estoit vn escu de sable auec vn nœud d'hyme-
nee, le mot

Quien te ata me mata.

C'estoit pour vn particulier interest d'affe-
ction,& croi-je en faueur d'vne Dame qui se
marioit à son riual. Celle du sieur de la Sesquiere auoit aussi vn particulier subjet d'a-
mour,& estoit vn Heliotrope qui regardoit vn
Soleil à trauers les nuës, le mot

C

A pezar dellas te mirarè.

Voicy les vers qu'il presenta.

LES AFFRICAINS CON-
duits par Amour, portans de ses arcs
& de ses fleches. Aux Dames.

Elles merueilles de ces lieux,
L'Amour des hommes & des
Dieux,
Qui n'adoreroit vos merites?
Puis que leur renom sans pareil
N'a point au monde de limites
Autres que celles du Soleil.
Vostre gloire est le seul propos,
Qui ne permet point de repos
Aux bouches de la Renommee,
Et n'est és lieux plus escartez
Nulle oreille, ou ne soit semee
La louange de vos beautez.
Le bruit de ces perfections
Fit naistre en nos ambitions
Le desir d'en voir les miracles,

Et quoy que tente le malheur,
Au mespris de tous ses obstacles
Vous faire aymer nostre valeur.

   O combien à voir nos explois,
Qui passent les communes loix
Rendrons nous de visages blesmes!
En presence de vos appas,
Et deuant les yeux d'Amour mesmes
Que deuons nous ne faire pas?

   Nos bras ministres de la mort,
Ne font nul inutile effort,
Leurs effets ressemblent aux charmes:
Mais qui pourroit tromper nos dars?
Puis que ce sont les mesmes armes
Par qui l'Amour surmonte Mars.

   L'experience, ou la raison
Ne peut rien à la guerison
Des blesseures que font nos fleches:
Nous imitons ce Dieu vainqueur,
Et vos yeux, qui ne font de breches
En autre part que dans le cœur.

Et ceux ici qui estoient patticulierement
pour Monsieur le Marquis de Mirepoix.

L'Affrique n'a plus de Lauriers,
I'en ay par mes actes guerriers
Toutes ses forests depeuplees:
I'ay tant esté victorieux,
Que mes couronnes assemblees
Pourroient monter iusques aux cieux.

Mais l'honneur de si beaux succeZ
A porté iusqu'à tel exceZ
Mon ambition sans seconde,
Qu'elle se promet sans fallir
De ne laisser en tout le monde
Vn seul Laurier sans le cueillir.

Non, mes vœux seront imparfaits,
Si ie n'esgale en mes effets,
La Beauté qui me fait la guerre:
Dont les beaux yeux ne font-ils pas
De tous les myrthes de la terre
Vne couronne à ses appas?

Pour Monsieur de la Sesquiere.

BEl astre si ton doux aspect
Ta clarté par tout rend cognuë,

Et que seulement mon respect
Te tienne enfermé dans la nuë:
N'ay-ie pas suiet d'estimer
Que ce qui rend mon sort amer
Est vne rigueur sans seconde,
Puis que l'iniustice des cieux
Ne veut pas donner à mes yeux
Ce qu'elle donne à tout le monde.

Mais malgré tout empechement
Ie me veux resoudre à te suiure,
Et c'est pour te voir seulement
Que mon cœur desire de viure.
Non, tous les astres mutineZ
Contre ma fortune obstineZ
N'auront iamais cest auantage,
De pouuoir arrester mon œil,
Si ce n'est qu'aux nuits du nuage
Ils ioignent celle du cercueil.

Vn Cupidon entroit apres vestu de satin incarnat auec des aisles dorees, la trousse au costé, & l'arc à la main, qui chantoit ces vers.

BEautez de qui la gloire a volé dãs les cieux
Aux oreilles des Dieux,
I'ay quité mes Autels au bruit de vos merueilles,

Leur merite est si grand que i'en demeure esprik,
Et mes yeux m'en font voir bien plus que mes
oreilles,
Ne m'en auoient apris.

Des que cest Amour auoit chanté, les trois Affricains faisoient leur entree habillez à la Moresque, auec de cazaques de satin noir en broderie d'argent, les manches coupees au coude, & le reste du bras nud. Ils ne portoient ni freze ni rabat, leurs brodequins estoient de mesmes que leur habit auec le bas d'attache incarnat : leur coiffure estoit vn turban de satin noir couuert de gaze d'argent auec de grands panaches de diuerses couleurs. Ils portoient en leurs mains vn arc, & vne fleche la trousse au costé; Et se faisoient nommer les hardis d'Affrique, d'autant que ceste nation est la mere des grands courages, & de ce qui se trouue de plus hardi sur la terre, soit pour les hommes qu'elle porte, soit pour les Lions qu'elle produit.

Les Affricains n'eurent pas si tost acheué de danser, qu'on vit paroistre à leur place l'entree des heureux de l'Amerique, habillez en Topinambous. C'estoit Monsieur le Baron de Montaut, Monsieur le Baron de Pourdiac, & Môsieur de la Yllere. Auant eux entra vn Topinambou, qui dit l'occasiô de la venuë de ces trois Cheualiers qu'il conduifoit; Que c'eftoit feulement les charmes ineuitables des diuines beautez de cette affemblee qui les attiroient en cefte contree, & non les charmes magiques de ce grand & fameux Zoroaftre: Que les voyant fi parfaits ils eftoient contraints d'aduouër, que ce n'eftoit fans raifon qu'elles eftoient adorees de ceux qui habitent foubs vn ciel fi fortuné: Que renonçans à leur idolatrie, ils quitoient des images mortes, & leurs deïtez inutiles pour reuerer des viuantes & diuines beautez: Que fi elles eftoient, comme ils eftimoient, les Dieux de cefte natiõ genereufe, ils leur offroient leurs cœurs pour victimes, & les fupplioient de les receuoir aux myfteres fecrets de leur culte amoureux.

Apres qu'il eut affez difcouru fur ce fujet, on vit entrer vne grande femme, vn lut à la main & vn garçon fur le col qui chanta des vers en Topinambou, & puis prefenta les deuifes à Madame.

Celle du Baron de Montaut, eftoit de l'encens allumé fur vn autel, auec ce mot,

Ardo y adoro.

Celle du Baron de Pourdiac eftoit vne nauire conduite par vn Amour, vers vn port ou vne Deeffe l'attendoit auec vne couronne de Mirte en la main auec ce mot.

Amor mi guida, è fortuna m'aspetta.

Celle du sieur de la Yllere vne chauffeé qui s'oppofoit à l'impetuofité d'vn torrent desbordé, & ce mot.

Quien se me oppone, causa mi ruydo.

Cefte femme eftoit vne magicienne, qui forcee par vn plus puiffant demon que le fien à le venir recognoiftre apportoit quât & elle le Dieu de fa nation pour le foubmettre aux loix que les Dames de cefte contree luy deuoient prefcrire. Le Toupinambou & elle danferent auec des poftures & des pas fi grotefques qu'ils obligerent toute la compagnie à rire.

Apres cela parurent les trois Cheualiers habillez de cazaques de plume de toute forte de couleurs, auec des coiffures & des brodequins de mefme parure, qui danferent à la mode de leur païs auec tant de grace & de difpofition, qu'on print vn fingulier plaifir à les voir.

La quatriefme & derniere entree eftoit celle de Monfeigneur de Monmorancy, qui reprefentoit les aimables & infortunez de l'Europe, les violons fonnerent vn air. L'on vit fortir fix demons veftus de blanc, les mafques de mefme, vne longue cheuelure, vn feu fur la tefte compofé de benjoin & ftorax & autres bonnes

senteurs

senteurs, ayant à la main droite vne baguette,
à la gauche vn cartouche ou vn cuir en ouale,
ou estoit peintes six deuises, la premiere estoit
vn comette, Et pour mot,

Hermoso y no querido.

La seconde vn Aigle qui à tire d'aisle s'a-
prochoit d'vne estoile entouree d'autres plus
petites representant l'Ourse, & le mot,

No ho daltro sole.

La troisiesme estoit emblematique. Apollon poursuiuant Daphné qui auoit les extre-
mitez des doigts metamorphosees en laurier,
& pour mot,

Nil iuuat esse Deum.

La quatriesme estoit vne Lune en son plein,
Et pour mot,

Quando mas, luego menos.

La cinquiesme vn Soleil qui dissipoit par ses
rais les nuees, Et pour mot,

Aunque os peze.

D

La fixiefme vne clythie regardant le Soleil
qui fe couuroit des nuages pour ne la voir
point , Et le mot ,

Defdichada hermofura.

Les Pages auec leurs baguetes & efcus firent diuerfes poftures & figures , puis s'en
allerent les vns apres les autres. Cefte entree
paffee, le nain de Monfeigneur de Monmorancy parut en Berger , veftu de damas blanc
chamarré d'argent la houlete à la main , fa panetiere en efcharpe : Il prefenta à Madame ces
vers, qui eftoient particulierement faits pour
Monfeigneur de Monmorancy,

EROCLEE CHEVALIER
aymable & infortuné,

AVX DAMES.

ES Demons, qui ne peuuent
    rien
Sur vn fens, qui côme le mien
Refifte aux creances cômunes,
Ne guident point icy mes pas,
Beaux fujets de mes infortunes,
C'eft la force de vos appas.

Ils sont mes Tyrans, & mes Rois,
Ie vy comme il plaist à leurs lois,
Ils font mes paix, & mes alarmes,
Mon cœur, aussi haut que les cieux,
N'a iamais cogneu d'autres charmes,
Que les charmes de vos beaux yeux.

Ce sont eux qui m'ont fait change
Ma vie à celle d'vn berger,
Mais berger que l'ennuy deuore,
De ce qu'à ses fidelités,
Vous n'aués pas commis encore,
La garde de vos volontés.

Quoy que les precieux tresors,
Et de mon ame, & de mon corps,
Soient vn obiet inestimable,
Vostre esprit n'en est point charmé,
Ce que nature a fait aymable,
Le sort l'empesche d'estre aymé.

I'ay beau n'auoir point de pareil,
De l'vn iusqu'à l'autre Soleil,
I'ay beau vous offrir mes hommages,
Vos rayons plus iour que le iour,
Sont en des eternels nuages,
Pour ma grace, & pour mon amour.

Il sied mal à vostre beauté,

D'exercer vne cruauté,
Qui n'a ny raison ny limites,
Ce qui confole mes douleurs,
C'eft que toufiours aux grands merites,
Le ciel garde les grands malheurs.

On ne fçauroit defaduoüer
Qu'on doit, non feulement loüer,
Mais aymer mon cœur magnanime,
Il eft d'vn fi vifible prix,
Que l'on ne peut eftre fans crime,
Du party de voftre mefpris.

Faictes que vos Diuinités,
Arreftent leurs viues clartés,
Sur les preuues de ma vaillance,
Vous verrez, s'il eft quelque orgueil,
A qui mon efpée, ou ma lance
Ne face treuuer le cercueil.

Mes exploicts hardis, & guerriers,
Sçauent me couurir de lauriers,
Malgré toute forte d'obftacles,
Et dans les fureurs des haZards,
Produire de fi grands miracles,
Que Mars ne croit plus eftre Mars.

Ces Cheualiers que l'vniuers
A veu dans des climats diuers,

Et soubs des Astres diuers naistre,
S'ils essayent ce que ie puis,
Diront, que tout ce qu'on peut estre,
N'est rien sinon ce que ie suis.

    Quoy que des combats acheués
Par leurs courages releués,
Toute la terre soit rauie,
Mon bras sera maistre du leur,
Et peindra du sang de leur vie,
Les triomphes de ma valeur.

    Mais eux tous seuls ne doiuent pas,
Esperer d'vn si beau trespas,
La gloire à nulle autre seconde,
Mes coups, ministres de la mort,
A tous les genereux du monde,
Preparent vn semblable sort.

    C'est affin que restant icy,
Seul digne de vostre soucy
I'obtienne ce que ie pourchasse,
Et que l'heur qu'en vain i'ay tenté,
De pouuoir acquerir par grace,
M'arriue par necessité.

    Apres que ce petit berger eut de ces vers fait
de presens à chacune des Dames. Il retourna
vers Eroclee Cheualier aimable & infortuné.

D   3

Alors les violons joüans vn air tout different aux premiers, parurent trois bergers vestus de satin blanc couuert de broderie d'argent, auec le bas d'atache blanc, les botines de mesme l'habit, les roses incarnates, leurs sayes bandez de satin incarnat pourfilez de canetille d'argent, la panetiere de satin incarnat couuerte de broderie, le rochet de toile d'argent auec des bãdes de mesmes, le chapeau de toile d'argent, le courdon incarnat, le masque noir, la houlete d'argent, & incarnat.

Ils commencerent leur entree par haut, & sur le second air dãserent à la paysanne & firẽt plusieurs postures. Puis sautant sur leur houlette mirent fin à leur entree tirant de leurs panetieres plusieurs beaux & riches presens qu'ils donnerent aux Dames.

Ils furent suiuis de six joueurs de lut, vestus de damas orangé & vert chamarré d'argent, la coifure de bizarre façon, & qui sur trois airs differents danserent vn balet.

Ceux-cy s'estans retirez, sortit du mesme lieu vn page vestu à l'antique d'vne robe de satin verd à fond d'or, sur la teste des tours, auec vne guirlande au dessous, les cheueux luy pendoient sur les espaules, il s'arresta au milieu de la salle, & y chanta les vers d'Eroclee qui auoient esté desia donnez aux Dames.

Il n'eust pas si tost fini, que les violons commencerent l'air du grand balet. Les premiers qui parurent furent les trois Cheualiers aimables & infortunez, leur habillement de teſte eſtoit fait de toile d'argent, couuert de petis miroirs, papillotez d'argent, bouquets de perles,& enſeignes de diamans,auec grande quātité de belles plumes, & vne touffe d'aigretes au milieu, le maſque eſtoit argenté, la freze couuerte de papillotes d'argent auec du paſſement à dentele d'argent, le bas de ſaye de ſatin blanc couuert de broderie de perles, & d'argent, ſur lequel pendoient des feüilles de cheſne faites de lames d'argent entourees de paſſements d argent parſemez de miroirs, & de papillotes d'argent, & les hauts de manche de meſme; ou le bas de ſaye eſtoit eſchancré, il y auoit des boüillons de toile d'argent attachez auec de petites enſeignes de diamans, le bas d'atache eſtoit de ſoye blanche, la botine de toile d'argēt couuerte de papillotes & broderie. Ces Cheualiers ainſi veſtus n'eurent pas pluſtot danſé juſques au bout de la ſale, qu'ils furent ſuiuis des Hardis d'Affrique veſtus de ſatin incarnat couuert de broderie d'or & d'argent, leurs coiffures & botines de meſme, auec le reſte des ornements cōuenables à leur habit. Les Heureux d'Amerique venoient apres habillez de ſatin bleu couuert de broderie d'argent & de perles. Et les derniers qui paroiſſoient eſtoient veſtus de ſatin yſabelle couuert de broderie d'or & d'escailles d'arget, & pour le reste des enrichissemens, de mesme que les premiers.

S'il n'y eut point de machines, comme il semble que sans elles vne dépence pareille ne peut estre appellee ni grande ni magnifique, le deffaut en doit estre imputé au peu de moyen qu'il y a de lesfaire reüssir en cesProuinces, ou il ne se trouue point d'ouuriers qui en ait jamais veuës qu'en peinture.

Pour la danse, jamais rien de mieux, & sans parler particulierement de ceux qui y auôïet esté employez par Monseigneur de Mônmorancy, qui tous parurent meru eilleusement. Ce grand Duc y auoit de si grandes graces, que sans flaterie luy seul eut esté capable de faire passer les deffautsde ceux qui dançoient auec luy, pour des perfections ; Aussi l'assemblée n'eut elle des yeux que pour les a rrester sur luy, & l'admirer.

IOVRNEE

IOVRNE'E

DE LA QVINTAINE.

VELQVES jours apres celuy qui fut suyuy de la nuit, où le balet que nous auons descrit fut dancé; Monseigneur de Monmorancy, desireux de ne rien oublier de ce qui pouuoit seruir, à manifester la ioye qu'il receuoit, par ceste nouuelle vnion des cœurs de la France & de la Sauoye, se resolut de faire vne course de quintaine. Plusieurs parties furent concertées à cet effet, & toutes aussi belles, que le peu de temps qu'on auoit pour les faire reüssir, & la commodité du lieu où elles se faisoient le pouuoient permettre. Le dixiesme Feurier fut le jour assigné pour cette action, & la court de l'hostel du Seneschal de Toulouse, le lieu ou toutes les troupes se deuoient rendre auec leurs equipages.

C'est vne place située pres le palais, elle a quatre vingts toises de longueur sur vingt

& quatre de large. La lice estoit longue de quarante toises, au bout on auoit dressé des eschaffaux pour les Iuges, qui estoient des plus sages, fameux, & anciens Gentils-hommes qui soient au deça du Loire, en nombre de six; C'estoient eux qui deuoient adjuger les prix que Monseigneur de Monmorancy auoit proposez aux courses de la quintaine; Il y en auoit trois, tous trois bouquets de Diamans, & dignes de la liberalité, & de la grandeur de l'Ame genereuse qui les donnoit. Le premier estoit destiné pour la plus pompeuse partie : le second pour la plus plaisante : & le dernier pour la meilleure lance.

Madame de Monmorancy fut logée dans vne galerie, dont les fenestres regardoient justement le dernier bout de la lice, où le Sarazin estoit dressé. Cette belle Princesse, quoy qu'elle ait des graces & des appas à faire mourir & de honte & d'enuie les plus estimées beautez de son siecle, n'offusquoit point ce jour là l'esclat & le lustre de celles qu'elle auoit fait ranger pres d'elle, dont le nombre estoit grand ; Au contraire, on eut dit que cet Astre incomparable leur departoit beaucoup de sa clarté, & adjoustoit vne nouuelle lumiere à la leur accoustumée. Il sembloit que ce fut vn Soleil, qui portant son splendeur sur les beaux visages qui estoient à l'entour de luy, côme sur la glace polie de plusieurs miroüers,

fit par reflexion naiftre autant de Soleils que
cette galerie fouftenoit de belles Dames. De
forte que ce lieu pouuoit eftre juftement efti-
mé vn Ciel eftoilé de Soleils.

Monfieur le Vifcomte del Bofc, Marefchal
de camp general, fecouru de la diligence de
M. de la Croix, Capitaine des gardes de noftre
grand Duc, rangea fi bien & auec tant de douceur toute cefte affluence de peuple, qui à la
foule accouroit au fpectacle des merueilles,
dont quelques jours auparauant la verité de la
renommée auoit femé l'efperance, que jamais
on n'a veu vn fi grand ordre parmy vne fi
grande multitude.

Toute cefte grande place fe vit dés le midy
remplie de Dames, de Gentils-hommes, & des
plus apparens & fignalez de la ville. Cefte
grande affemblée fut enuiron deux heures en
l'impatience de l'attente ; Lors qu'il eft quef-
tion d'vn grand equipage de Mafcarade, toutes chofes ne peuuent pas eftre preftes à point
nommé, mefmement ailleurs qu'à Paris, qui de
toute la terre eft la ville la plus propre pour
faire reüffir les deffeins d'vne grande defpen-
ce, tant pour l'excellence de fes ouuriers, que
pour la facilité qu'il y a à recouurer tout ce
que l'on peut fouhaitter.

ENTREE
DES CHEVALIERS
du Soleil.

A compagnie des Dames dõt les beaux yeux deuoient animer l'adreſſe & l'effort des Cheualiers , & celle des Iuges qui deuoient donner le prix à la magnificence de la plus belle deſpence , à la juſteſſe de la meilleure lance , & à la gentileſſe de la plus plaiſante inuention, commençoient deſ-ja à murmurer contre la lentitude, & la pareſſe des Cheualiers qu'ils attendoient auec de ſi violens excez d'inquietude , quand on ouït à la porte du coſté du palais vn grand bruit de trompettes qui annonça la venuë des quadrilles,& fit oublier le long ennuy qu'on auoit eu de les attendre, par la prochaine eſperance de les voir.

Le premier qui parut fut Mõſieur de Caſtagnac Mareſchal de camp des Cheualiers du Soleil,dont Monſieur le Comte de Carmaing, qu'on peut plus juſtement appeller le Soleil des Cheualiers, que le Cheualier du Sol eſtoit le chef ſoubs le nom d'Abenamar.

Ce Mareſchal de camp couuert de plu

de broderie, & des Diamans , & monté fur vn
Cheual de la race, ce croy ie , de ceux dont
les nazeaux ronflent tous les jours la lumiere
fur noftre horizon , s'aduança, conduit par le
Marefchal de camp general, vers l'efchaffaut
des Iuges , & leur dit qu'il eftoit venu là pour
obtenir d'eux le camp que les Cheualiers du
Soleil demandoiët; Meffieurs les Iuges le r'en-
uoyerent à Madame de Monmorancy, à qui il
demanda le camp qu'il obtint pour fa quadrille, de qui il luy prefenta le cartel.

LOS CAVALLEROS
DEL SOL.

EL hombre animofo deue fiempre auentu-
rarfe à efparzir los rayos de fu gloria en todos los mas remotos confines de la tierra, à la
imitacion de aquel reluziente Planeta, debaxo
el nombre del qual deffeamos entrar en el cam-
po: y aquefta generofa refolucion nos ha hecho
correr defde nueftros juueniles años mil Pro-
uincias eftrangeras, por dexar en ellas honra-
da numoria de la eftimada virtud que nos ador-
na. En tal modo que no ay folamente que la
FRANCIA que pueda ignorar, que femos

tan diestros y valerosos, quanto discretos y amorosos. Auiendo por el furor de nuestras armas forçado los hõbres à nos reuerẽciar, como à Soles del honor, y por aquel de nuestras passiones, obligado à las Damas de estimarnos, por los del amor, pues que el fuego que nos acompaña ha derretido los elados desdeñes de algunas dellas, y de otras muchas ha empedernido sus fragiles y inconstantes coraçones. Mas como la ambicion no permite à nuestros animos ninguna suerte de reposo, desseosos de coger nueuos laureles de vitorias, y mouidos por la reputacion de aquesta famosa compañia, auemos dexado el Reyno de GRANADA, patria nuestra, por mostrar que cada vno possee justamente el titulo que trahemos: si la licencia de entrar en la liça nos es concedida de aquella a quien la demandamos, con todo deuido respecto y humildad que deuen los Caualleros andantes à la grandeza de sus virtudes y merecimientos.

ABENAMAR.

ALBAYALDOS.

GAZVL.

MALIC. ALABES.

De là il s'en retourna vers l'eschaffaut des Iuges, à qui il presenta le mesme cartel:& c'est l'ordre que tous les autres Mareschaux de camp tindrent depuis en demandant le camp, & donnant leurs cartels.

Ce seroit ignorance ou enuie, que de croire que ce fut par vne vanité desreglée, & par vne presomption impertinente, que les Cheualiers prindrent ce grand & ambitieux tiltre, soubs qui leur vaillance vint paroistre en ceste signalée occasion. Le soleil qui voit toutes choses, n'ayant jamais rien veu d'égal à eux, & qui sçait comme spectateur & tesmoin de leurs miracles, qu'ils ont porté leurs armes par tout où il porte sa lumiere, a creu, & auecque raison, que les honorer de son nom, estoit honorer son nom mesme. Ils se promirent d'en soustenir si bien la dignité en ceste rencontre, que quoy qu'ils y eussent pour riuaux de leur gloire les plus fameux, & les plus redoutables Mars de l'Vniuers, ils n'aprehenderent jamais que leur Astre deut cacher la splendeur de son front dans le voile des nuages, pour éuiter le desplaisir de voir la honte de leur desfaite.

Tandis que les beaux yeux des Dames & les seueres des Iuges estoient occupez à lire les paroles Espagnoles du cartel, le Mareschal general de camp fit ouurir les barrieres, & les Cheualiers du Soleil entrerent auec cest equipage.

Entra premierement vn ayde de camp qui conduiſoit quatre trompettes veſtus de taf-fetas bleu , couuerts de Soleils d'or : aux ban-deroles eſtoient les armes des Cheualiers : les cheuaux eſtoient enharnachez de taffetas bleu.

Apres marchoiẽt douze Eſtafiers veſtus de taffetas bleu, parſemé de Soleils d'or.

Ils menoient en main à deux grands cor-don d'or & de ſoye bleuë ſix cheuaux capara-çonnez de ſatin bleu, ſemé de Soleils d'or.

Apres venoient quatre Pages veſtus de ſa-tin bleu, parſemé de Soleils d'or.

Ils eſtoient montez chacũ ſur vn bon che-ual enharnaché de ſatin bleu parſemé de So-leils d'or.

Ils portoient vne lance d'or & d'azur en la main droitte.

Apres venoiẽt les quatre Cheualiers mõtez chacun ſur vn beau cheual , dont le harnois eſtoit de ſatin bleu couuert de Soleils d'or en broderie.

Les habillemens des Cheualiers eſtoient à l'Eſpagnole, auec la cape de ſatin bleu en bro-derie de Soleils d'or.

Apres eux venoient quatre Eſcuyers veſtus de ſatin bleu, couuert de clinquant d'or; Chaſ-cun auoit vn eſcu, & dans l'eſcu d'azur vne de-uiſe autour.

Celle de Mõſieur le Comte de Carmaing, A B E N A-

ABENAMAR, eſtoit vn Soleil d'or en champ d'azur, auec ce mot,

Aſsi claro en valor
Que valiente en amor.

Celle de Monſieur de Flarambelle, AL-BAYALDOS, eſtoit vn Soleil qui par ſes rayons eſchauffoit vne nuee eſpaiſſe, & y formoit des foudres & des eſclairs, auec ce mot,

Arma miniſtro ioui.

Celle de Monſieur de la Yllere de S. Caſsian, GAZVL, eſtoit vn miroir ardant ſur qui vn Soleil jettoit ſes rayons à plomb, & le mot,

De tui ſguardi mi' ardore.

Celle de Monſieur d'Yſandon MALIC, ALABES, eſtoit vn Phœnix qui ſe bruſloit aux rayons du Soleil, & le mot,

Qui mi da la morte,
Mi da la vita.

F

ENTREE DES
Boëmiennes.

ESTE partie à peine auoit elle acheué de faire le tour du camp, & de monstrer les soleils dont elle estoit pompeusement couuerte, aux soleils par qui l'amour faisoit ressentir viuement ses flámes aux cœurs de ces guerriers; Qu'vn nouueau bruit de trompetes frapant les oreilles de la cõpagnie, destourna ses yeux du plaisir qu'elle auoit à contempler l'orgueil agreable, & l'equipage superbe des chers mignons de l'Astre qui contemple tout.

Au bout de la lice on vit paroistre Monsieur de Vilars Mareschal de camp de Boëmienes. Il estoit superbement vestu, superbement mõté, & à l'air Martial, & Majesteux dont il se portoit vers les endroits qui estoient esclairez des beaux yeux des Dames, & vers le theatre des Iuges, il estoit aisé à juger, qu'il conduisoit non pas des femmes foibles & timides; mais des guerriers qui sous vn habit emprunté d'vn sexe mol & delicat, auoient du courage & de la force, pour obliger la victoire à ne se plaire desormais qu'à suiure leur valeur &

se reuolter contre l'ambition de tous les autres
guerriers du monde.

Il suiuit l'ordre qu'auoit desia tenu le Mareschal de camp des Cheualiers du Soleil, &
obtint de Madame la licence de faire entrer sa
troupe apres qu'il luy eut presenté ce Cartel.

LES BOHEMIENES
à tous Cheualiers.

CHeualiers, la cognoissance que nous auõs
de l'aduenir, & de nos forces, nous a ap-
pris depuis long temps, qu'à la honte de voster
iustesse la nostre deuoit auiourd'huy emporter les
prix de ce tournois. Nous sommes toutefois bien
satisfaites de ce que la dispute où nous allons entrer, ne doit point auoir vn succez sanglant, &
que le pouuoir de nos mains n'est point obligé de
rauir à celuy de nos yeux la gloire de vous faire
mourir. En vn combat plus perilleux, & où la
mort du vaincu seroit la palme du victorieux,
nous courrions fortune de ne trouuer pas vn
euenement si prospere que celuy que le destin
nous a maintenant preparé : ce n'est pas que dãs
les hazards les plus furieux nous ne soyons
tousiours ce que nous sommes à cet' heure, c'est à

dire, l'vnique exemple de la generosité & de la vaillance, c'est que la crainte d'offenser nos images que l'amour a si diuinement grauees en vos cœurs, retiendroit nos lances, & les empecheroit d'aller chercher vostre vie à l'endroit ou elle a son principal siege. Mais cette consideration n'ayant point de lieu en ces courses, n'esperez de nous ni grace ni courtoisie. Preparez vous seulement à souffrir vostre deffaite auecque patience, & sçachez nous gré de ce que pour tesmoigner que nous faisons quelque estime de vostre valeur, nous auons voulu vous vaincre armees, vous pouuant vaincre toutes nuës.

L I N D A B R I D E.

C L I R I D I A N E.

Il seroit mal-aisé que ie peusse naïuement vous figurer auec quels excez de joye les spectateurs se preparoient à voir ceste quadrille, sçachant que celuy qui en estoit le chef ne cede en magnificence non plus qu'en merite à nulle grandeur de l'Europe, si on en excepte celle à qui les loix de sa naissance, de son deuoir, & de son inclination l'obligent d'obeïr, l'entens parler de Monseigneur de Monmorancy, qui est vne des plus claires & de plus

brillants aftres du ciel de la France, & vn ame
qui monte bien haut par deffus celuy des
eftoiles, Il entra dans le camp foubs le nom de
Lindabride accompagné de Monfieur le Baron de Sauignac, qui y vint foubs le nom de
Claridiane : Ie ne diray rien des particulieres
qualitez de ce Caualier, de peur qu'eftant in-
capable de les loüer comme il faut, on n'im-
pute ce manquement pluftot à l'enuie de ma
plume, qu'à fa rudeffe, & que la Court ou il a
fi dignement paru ne m'accufe de me cognoi-
ftre mal au prix d'vne galenterie fi cognuë.

Ces Boëmienes au lieu de courir le monde,
felon le train & la loy de leur naiffance, pour
y exercer des foupleffes honteufes & deffen-
duës, & y tendre des pieges à la facilité des
ames innocentes, l'auoient couru pour en
cueillir les palmes, vaincre la force, & efton-
ner l'arrogance, par les preuues plus qu'humaines de leur courage, & de leur pouuoir.
Des le berceau, leur pere qui n'ignoroit pas
en quelle condition les eftoiles qui les auoient
veu naiftre, leur prometoient de la bonne fortune, les fit efleuer entre l'efpee & la lance, &
aimer le Dieu de la guerre deuant qu'elles en
fceuffent proferer le nom. Les armes eftoient
leur deftin. Auffi y ont elles acquis vn fi grand
honneur, que je ne fçay fi la terre eft capable
de le contenir. Ce n'eft pas toutesfois qu'elles
foient recommandables par leur feule vaillan-

ce ; Les appas de leur visage & de leur grace contribuent beaucoup à la gloire de leur merite ; Ces tresors sont si miraculeux en elles, que quoy que l'Egypte soit infertile en beautez, si peut elle se vanter qu'en dõnant l'estre à ces parfaites guerrieres , elle a dõné à l'vniuers vn des plus celestes objets qu'il ait jamais admiré ; Que si en ceste grande compagnie ou elles estoient venuës, pour y combler de honte & de mal-heur tout ce qui oseroit resister à leurs efforts , les belles eussent mis bas le masque qui déroboit aux desirs de nostre curiosité la veuë des lys & des roses, dont les soins de la nature ont paré leur teint. Ie croi que la pluspart des cœurs genereux qui les virent en ceste jouste , aduoüeroient que leurs beaux yeux ne sont pas si exempts des deffauts de la condition ou ils sont nais, qu'ils n'ayent des dexteritez nompareilles, à faire des larcins inuisibles.

Voicy l'ordre de leur entree.

L'Ayde de camp entra le premier qui conduisoit six trompetes vestus en Boëmiens, de satin bleu & blanc , chamarré de passemés d'or , leurs cheuaux estoient enharnachez de mesme estoffe de mesmes couleurs , & de mesme clinquan , les armes des Cheualiers estoient aux banderoles.

Huit petites Boëmienes fuiuoient les trompetes, elles auoient de robes de damas de diuerfes couleurs, des manteaux de fatin oren-
gé, au deffus des bandes de toile d'argent en-
fermees entre deux paffemens d'or, leurs cheueux eftoient longs & noirs, leurs mains a-
uoient des caftagnetes qui leur feruoient d'in-
ftrument pour dancer à la façon de leur païs.

Huit autres plus grandes Boëmienes venoient apres veftuës de mefme façon, fors que
leurs manteaux eftoient de fatin bleu,& qu'au
lieu des caftagnetes elles auoiēt des tambours
de bafque & des mandorres, dançoient auec
des figures & en forme de balet deuant la fui-
te & l'equipage.

Vn grand mulet fuiuoit,dont la tefte, le col
& la croupe eftoient couuerts de fonnetes &
de plumes, le poiƈtral eftoit garni de dix ou
douze clochetes,& le refte du harnois de paffement d'or tant plein que vuide : vne Boëmiene y eftoit deffus entre deux paniers
peints & dorez, auec des cages ou l'on voyoit
deux enfans habillez en coq & en poule, qui
chantoient en paffant: elle eftoit veftuë d'vne
robe de damas blanc chamarré de paffement
d'argent, & fon mulet eftoit conduit par vn'
autre Boëmiene veftuë d'vne robe de toile
d'or foubs vn manteau de fatin gris de lin couuert de trois paffemens d'argent.

Vn autre mulet en pareil equipage fuiuoit

celuy-là , & faifoit voir dans fes paniers deux
grands monftres fort plaifamment veftus,
au milieu defquels paroiffoit vn vieux Boë-
mien habillé de fatin blanc & bleu, l'efpee en
efcharpe, la dague fur les roignons , & tenant
vne guenuche entre les bras.

Apres venoit à pied vn'autre Boëmiene veftuë de fatin jaune chamarré de clinquant
d'argent, qui menoit deux ours attachez auec
de groffes chaifnes : Deux Boëmiens veftus de
fatin blanc & bleu garni de trois paffements
d'argēt, qui menoit en main vn cheual enharnaché de velours bleu en broderie d'argent:
Deux autres Boëmiens veftus de damas orangé , & de fatin vert bandé de toile d'or enfer-
mee de deux paffements d'argent, qui menoit
vn cheual enharnaché de velours vert en broderie d'or : Trois Bohemienes à cheual habil-
lees de fatin à la Turque, auec leurs manteaux
de velours bleu à fonds de fatin , chamarrez
de clinquant d'argent , auec crefpines & franges d'argent , leurs coiffures garnies de rubans
de plufieurs couleurs , la croupiere & le poi-
tral de leurs cheuaux couuert de gaze & de
rubans , la houffe de velours orangé à fonds
de fatin chamarré de paffement d'argent, chacune portoit vne lance auec de grandes banderoles de taffetas à la Chine qui pendoit pref-
que jufqu'à terre : La premiere auoit vn maf-
que hideux , & monftroit des grandes & vilai-
nes

nes tetaſſes de nourrice, au col elle portoit vn colier, & à l'oreille des pendans d'vne prodigieuſe grandeur.

Le nain de Madame de Monmorancy, les ſuiuoit veſtu en fille Boëmiene d'vne eſtofe d'or & de ſoye yſabelle, la houſſe & le harnois de ſon cheual de meſme parure, il portoit pour Monſeigneur de Monmorancy vn petit eſcu au bras, ou eſtoit pour deuiſe, vne Fortune, auec ce mot,

No la guardo para mi,
Y la doy à cada vno.

Lindabride & Claridiane, paroiſſoit apres veſtuës d'vne robe de ſatin à la Chine auec trois grandes bandes de ſatin bleu en broderie d'or & d'argent, les botines couuertes de broderie d'or & d'argent, la chemiſe de taffetas blãc chamarree d'vn paſſement à jour d'or & d'argent & de perles, les frezes & les manchetes de meſme, le manteau de ſatin incarnat couuert de broderie d'or & d'argent, & doublé de toile d'argent à fleurs, le maſque & la cheueleure noire treſſee de perles & de rubans de diuerſes couleurs, leur thiare eſtoit faite de taffetas de la Chine rayé, bleu, incarnat & jaune, d'or & d'argent, auec deux grandes trainees de gaze d'argēt & blue: Elles eſtoient montees ſur des beaux cheuaux d'Eſ-

G

pagne couuerts de houffes de fatin bleu en bro
derie d'or, & bandees de deux grãdes bandes
incarnates en broderie d'argent : les harnois
eftoient de mefme, auec houppes, franges
& crefpines d'or & d'argent : fur le chamfrain
vn grand panache de toutes couleurs, auec
vne touffe d'aigretes.

Apres elles marchoient deux efcuyers veftus à la Boëmiene de fatin bleu, incarnat, &
jaune paille, tout leur habit eftoit couuert de
petit clinquant d'or & d'argent. Ils eftoient
fur des cheuaux d'Efpagne, dont les harnois
eftoient de velours bleu en broderie d'argent,
& portoient vn efcu chacun ou eftoit leurs deuifes.

Celle de Monfeigneur de Monmorancy,
Lindabride Boëmiene, eftoit vn bafton de
joueur de paffe-paffe, auec vn ruban au milieu attaché auec vn nœud courant, & le mot

Dentro o fuera
Quando quifiere.

Celle de Monfieur le Baron de Sauignac,
Claridiane Boemiene, eftoit vn Soleil, & ce
mot,

Mi ardè è mi abelliffè.

Douze eftafiers fuiuoient encore, habillez

en Boëmienes de satin blanc & bleu, chamarré de passement d'argent, qui conduisoient en
main six grands cheuaux bardez & caparas-
sonnez de satin bleu en broderie d'argent.

Ceste troupe apres auoir fait le tour du cáp,
prit la place qui luy auoit esté ordonnee par le
Mareschal general de camp, qui estoit la premiere à main gauche.

Ceux qui ont veu la dépence de ceste partie, l'ordre & les gentillesses de son equipage, ne sçauroient desaduoüer, au moins s'ils se
cognoissent à estimer ce qui est beau, qu'elle
ne fut digne des yeux non seulemét d'vn grád
Monarque, mais de plusieurs ; Toulouse qui
jamais n'auoit veu rien de pareil en est encore
en admiration, & desormais mettra entre les
principaux tiltres de sa vanité, celuy d'auoir
esté estimée digne d'vne telle magnificence.

ENTREE

[DV CHEVALIER
fans nom.

Ovs les affiftans eftoient occupez à regarder non feulement auecque plaifir, mais
encore auec admiration, la
pompe & l'efclat des habits
des Boëmiennes, la bizarre-
rie & la diuerfité de leur fuitte, & la grace & la
dexterité dont elles faifoient aller leur cheuaux, quand le bruit de quatre trompettes
fit que les yeux de tous fe tournerent du
cofté d'où il venoit : Ils virent paroiftre Monfieur d'Artizas, Marefchal de camp du Cheualier fans nom : C'eftoit ainfi que le Baron de
Montaut, de qui les qualitez en ont beaucoup
par tout, venoit fe faire remarquer en ce combat, & y monftrer auec la gentileffe de fon inuention, la generofité de fon courage, & la juf-
teffe de fes courfes.

Ce Marefchal de camp, comme les autres
qui auoient paffé deuant luy, obtint pour fon
Cheualier la permiffion qu'il demandoit de
Madame, à qui il prefenta le pourtrait de Mö-
feigneur de Monmorancy, comme à Mada-

moiſelle de Bois-Ruſſin celuy d'elle meſme:
Il expliquoit par là partie de ſon deſſein, qui
eſtoit de faire entédre: Qu'à peine eſtoit il né,
lors qu'vn Negromancien ami de ſa gloire , &
ſoigneux de l'aduancer, employa ſes trauaux à
l'eſleuer & l'inſtruire en tout ce qui put ſeruir d'ornement & de luſtre à vn Caualier qui
deuoit vn jour remplir toute la terre de ſes
loüanges : Que ce ſage enchanteur luy donna
deux peintures, l'vne d'vne des plus accomplis
guerriers de ſon ſiecle , l'autre d'vn des plus
parfaittes beautez que le Soleil voye : & luy
commanda tres expreſſement, lors qu'il le vit
aſſez fort pour ſuer ſoubs la cuirace , & abandonner ſa vie aux dangers ou courent les aduanturiers qui font l'amour à la reputation, de
ne prendre point de nom, & de n'aſſeruir ſa liberté juſques à ce qu'il eut rencontré les deux
miracles dont il luy donnoit la figure: Que
c'eſtoit ſoubs leur obeïſſance , & en faueur
d'eux, que les Aſtres luy promettoient des victoires capables de fleſtrir les plus verts lauriers, dont la valeur de l'âge, & paſſé, & preſent
ſe ſoit jamais coronnée: Qu'il eſtoit arriué icy
au bruit des feſtes & des tournois qu'y s'y deuoient faire , pour y chercher ceux ſoubs qui
les deſtins vouloient qu'il rangeat la fidelité
de ſes volontez , & fit les preuues que la renommée s'apreſtoit de ſemer par tout le monde. Voicy ſon cartel.

G　3

LE CHEVALIER SANS
nom, à tous ceux qui en ont.

QV'on ne s'estonne point si auiourdhuy i'ose paroistre, moy qui n'ay point encore de nom, parmy les Cheualiers qui ont remply du leur toutes les bouches de la renommée. Ce deffaut ne doit pas estre imputé à la foiblesse de mon courage, il a de la generosité & de la force assez pour obliger la gloire à ne parler que de luy. L'enchanteur de qui les soings ont trauaillé pour esleuer mon enfance, & de qui la preuoyance a occupé ses yeux pour lire dans l'aduenir les aduentures qui m'estoient preparées, n'a iamais voulu que ie me sois fait recognoistre par vn titre particulier, iusques à ce que ma bonne fortune m'eust conduit au lieu ou font leur seiour ces deux perfections, dont ie porte icy les portraits qu'il m'a baillez. Ie suis venu en ce camp au bruit des combats qui s'y doiuent faire, attiré par l'esperance d'y trouuer ce qu'en tant d'autres climats i'ay cherché vainement. C'est le guerrier le plus parfait qui iamais se vit couronné de lauriers, & la beauté la plus adorable qui ia-

mais ait esleué à son image des autels dans les cœurs magnanimes. S'il arriue que mon atten-te ne soit point frustrée, & que ce soit icy que le ciel vueille que mon obeïssance rencontre & son Maistre & sa Maistresse : l'excez de mon aise, & le desir de me faire digne d'vn si glorieux Empire, me portera à de si prodigieux effets d'a-dresse & de valeur, que ie feray que les esprits les plus excellens croiront qu'il est impossible de me donner vn nom qui responde aux miracles de mon merite.

Et voicy l'ordre de son entrée.

Entroit premierement quatre trompettes vestus de taffetas de la Chine, montez sur de cheuaux enharnachez de mesme taffetas.

Marchoient apres quatre Pages vestus de lame d'argent, incarnat, blanc & vert, chacun portoit vne lance à la main droitte, auec de grandes banderolles de taffetas de la Chine.

Apres venoient deux Estafiers qui tenoient par deux grands cordons de soye vn cheual enharnaché de mesme lame d'argent incarnat, blanc & vert, auec de grandes plumes.

Le Cheualier suyuoit, vestu d'vn habit de la mesme lame d'argent, & couuert de brode-rie d'or & d'argent : son cheual la teste couuer-

te de plume, & le reste d'vn grand caparaçon
de la mesme lame d'argent, couuert de broderie comme l'habit du Cheualier.

Apres luy estoit son Escuyer vestu de satin
vert & blanc, couuert de cliquant d'argent,
monté sur vn cheual dont le harnois estoit de
velours vert parsemé de broderie d'argent : il
portoit vn escu en champ d'argent, & ce mot
autour,

Melior fortuna notabit.

ENTREE

DES CHEVALIERS
de la folie.

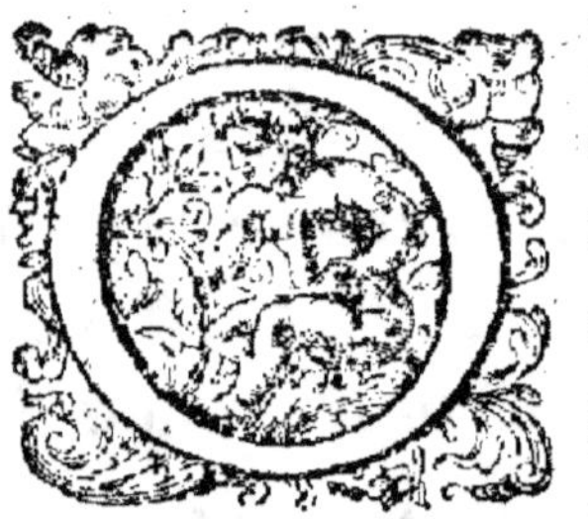

N loüoit encore l'excellant
dessein du Cheualier sans
nom, & encore les Dames
auoient leurs yeux sur les
portraits, que l'enchanteur
dont il estoit si parfaitement
aimé, luy auoit baillez : Quand les trompetes
des Cheualiers de la Folie attireret les regards
de tous les spectateurs vers la porte par ou les
quadrilles entroient dans le camp, que Monsieur le Viscomte del Bosc alla faire ouurir,
pour introduire Monsieur d'Aunoux Mareschal de ceste troupe.

II

Il eſtoit couuert de pierrerie , & de pierrerie ſi brillante, que les veuës les plus fermes
auoient de la peine à en ſouſtenir l'eſclat : Le
cheual ſur qui il eſtoit monté , machoit ſi fu-
rieuſement ſon mors, battoit ſi ſouuent du
pied la terre , & ſe laiſſoit aller à des eſlans &
des fougues ſi extraordinaires , qu'on eut dit à
le voir qu'il auoit des caprices pareils à ceux
qui agitoient les eſprits des guerriers que ſon
maiſtre conduiſoit.

Comme il fut arriué au lieu d'où Madame
regardoit la pompe de ces entrees , il luy demanda le camp pour les Cheualiers ; mais ce
ne fut pas auec l'aſſeurance des autres Mareſ-
chaux qui auoient paſſé deuant luy, l'aprehen-
ſion qu'il eut qu'vne grandeur ſi pleine de ſa-
geſſe ne refuſat de voir des guerriers, qui pour
tout n'en auoient point, excitoit en luy des reſ-
pects tremblans , & le faiſoit preſque repentir
d'vne priere qui luy ſembloit ſi injuſte. Mais
comme ceſte Princeſſe a des bontez qui luiſent
ſur les imperfections comme ſur les merites,
elle rendit vaine ſa crainte , luy accorda la
meſme permiſſion qu'elle auoit accordee aux
autres, & receut de luy ce cartel.

H

Cartel des Cheualiers de la folie à tous Cheualiers.

CHeualiers, à mesure que nostre cerueau s'est vuidé de raison, nostre valeur s'est rēplie d'une presomption si extraordinaire, qu'elle croit asseurement, que quand Mars luy mesme descendroit des Cieux, il ne pourroit quelque effort qu'il fit, esgaler la gloire de sa lance, à la gloire des nostres. De sorte que si sans illusion, nous sommes ce que nous estimons estre, & nostre addresse fait ce que nous pensons qu'elle face, esperer d'emporter sur nous le prix de ceste lice, seroit une folie à qui la nostre deuroit iustement hommage : Vous ferez prudemment de nous ceder sans dispute, & de cacher artificieusement vostre foiblesse, soubs le peu d'apparence qu'il y a, que des guerriers si sages que vous pretendez estre, entrent en concurrence d'honneur auecque des persōnes si folles que nous : Le regret que vous auriez d'accroistre par vostre defaite le nombre de nos victoires, auroit pût-estre de si violens excez, que vostre bon sens en pourroit estre offensé, cōme le nostre la esté par l'extreme desplaisir que

nous a donné, le meſpris des Dames que nous a-
dorons.

Ce Cartel eſtoit accõpagné de ce quatrain.

O quels miracles nompareils
Accompagnent noſtre fortune,
Pour auoir aymé des Soleils,
Nous ſommes ſubiets à la Lune.

L'Amour qui eſt le mortel ennemi de la raiſon, auoit tellemẽt abbatue celle de ces Cheualiers, par les deſeſpoirs, ou les rigueurs de
leurs Dames les auoient reduits, que jamais le
monde n'en a veus qui euſſent tant d'occaſiõ
que ceux-ci de ſacrifier au bõ ſens. Mais auec
toute ceſte imperfection, ils ſortoient ſi heu-
reuſemẽt des plus effroyables perils de la guerre; ils rencontroient ſi peu de reſiſtance en la
force de leurs plus redoutables aduerſaires. Ils
ſoubſmetoient ſi facilement aux loix de leur
eſpee, tout ce qu'ils eſtimoient digne de leurs
conqueſtes, qu'il eſtoit aiſé à juger que la fortune amoureuſe de leur courage, ne cherchoit
que les occaſions de faire de leurs noms, les
plus brillantes eſtoiles du ciel de Mars : C'eſtoit à mon aduis pour monſtrer aux yeux de
tout l'vniuers, qu'elle eſt la ſeule & ſouuerai-
ne arbitre des entrepriſes des hommes, & que

c'eſt faillir, que croire, qu'ou ſes caprices re-
gnent, les dexteritez de la prudence puiſſent
quelque choſe.

Premierement marchoit l'ayde du Mareſchal de camp qui conduiſoit ſix trompetes veſtus de lame dargent incarnate & noire, couuert de lâgues de ſatin incarnat & noir parſe-
mees de ſonnetes: Ils auoient pour habillemēt
de teſte vn capuchon de fol, auec de grandes
oreilles, & au dedans de petites marotes
mouuantes, le tout bordé de ſonnetes : les caparaçons de leurs cheuaux & le chanfrein
eſtoient couuerts de lame d'argent incarnate
& noire, auec quantité de ſonnetes.

Ils eſtoient ſuiuis de ſix pages veſtus de lame d'argent incarnate & noire : leur habillement de teſte de meſme les trõpetes ; les harnois des cheuaux couuerts de lame d'argent
incarnate & noire bordee de ſonnetes.

Six cheuaux en main menez à deux grands
cordons d'or & de ſoye de la liuree auec houpes, boutons, franges & creſpines par deux
eſtafiers chacun, leurs caparaçons eſtoient de
l'ame d'argent incarnate & noire bordee d'v-
ne grande quantité de ſonnetes d'argent, les
douze eſtafiers eſtoient Mores veſtus de meſme eſtofe, & couleur incarnat & noir, leurs
habillemens de teſte de meſme auec ſonnetes.

A ſuite de ceux-ci marchoient quatre eſcuyers habillez de meſme parure, les ſelles de

leurs cheuaux toutes couuertes de sonnetes,
suiuis de six Mores vestus de la liurée, les deux
premiers portoient leurs lances esmaillées
d'incarnat & noir, les autres leurs escus ou
estoient ces deuises.

Pour Monsieur le Marquis de Portes, vn
amendier fleuri, qui est le symbole de la folie; comme le meurier de la sagesse, & pour
mot,

De mis flores, mi locura.

Monsieur le Viscomte Darpajon, de qui la valeur a eu la Sauoye pour son theatre, auoit en
faueur de la folie vne Lune en son declin,& le
mot,

De sus menguantes, mis crescientes.

Aprés marchoient M. le Marquis de Pot-
tes & M. le Viscomte Darpajon la marote à la
main couuerte de sonnetes d'argent. Ils estoiẽt
habillez en fols de satin incarnat à longues lã-
gues de satin noir, l'incarnat couuert de broderie d'or, & le noir de broderie d'argent bor-
dées de sonnetes d'argent en quantité, ils a-
uoient pour habillement de teste vn petit capuchon de satin incarnat, couuert de langues
de satin noir brodé d'or & d'argent, auec quã-
tité de sonnetes d'argent, deux grandes & lõ-
gues oreilles s'esleuoient, au dedans desquel-
les y auoient des marotes mouuantes, & quã-

tité de sonnetes d'argent, les caparaçons de
leurs cheuaux estoient de satin incarnat couuert de langues de satin noir, l'incarnat qui paroissoit couuert de broderie d'or, & le noir de
broderie d'argent, les langues & le bas du ca-
parasson bordé d'vn nombre infini de sonnetes d'argent, le chanfrein de mesme auec quã-
tité de plumes incarnates & noires.

ENTREE DES DIEVX
Marins.

L E ridicule dessein des Cheualiers de la Folie, & les gro-
tesques de leurs habits, estoiēt
vn spectacle si agreable à tous
ceux qui le virent, que ie croy
qu'ils auroient passé ce qui
restoit du jour à en parler & en rire, si la venuë
d'vne nouuelle & plus serieuse partie, n'eut
osté à leurs discours vn sujet si doux, & à leurs
yeux vn objet si plaisant.

Dés que les barrieres furent ouuertes, à la
presse que faisoit Monsieur de Mance Mareschal de camp des Dieux Marins, il s'en vint à
caprioles vers les galeries où les Dames estoiēt
rangées; Iamais on n'a veu cheual qui pût estre
egalé à celuy sur qui il estoit, il auoit vn ma-

nege si leger , qu'à peine laissoit il sur le sable
les marques de ses pas;Mais le miracle de ceste
disposition n'estoit pas grand , à ceux qui sça-
uoient comme moy, que sans enfoncer, voire
mesme sans mouiller le talon , il couroit sur
les vagues de l'Ocean , & que c'estoit celuy
mesme que Neptune d'vn coup de son Tridét
fit sortir du sein de la terre , en la dispute que
ce grand Dieu auoit euë auecque Minerue.
Les Tritons dans leurs grottes profondes l'a-
uoient nourri depuis de Nectar & d'Ambro-
sie,& c'est ce soing qui l'auoit fait viure durát
vne si longue suyte d'années, malgré la necessité par qui les jours de tous les animaux sont
si estroitement bornez.

Quand ce Mareschal fut arriué , ou Madame assise sur vne chaire, sembloit estre la Ma-
jesté mesme assise sur son trosne,il luy demanda le camp pour ses Dieux, qu'il obtint apres
auoir presenté ce cartel.

· CARTEL DES DIEVX
Marins.

CHeualiers , donnez congé à l'esperance de
vostre vanité:la fortune est trop ambitieu-
se pour se tourner du costé de vostre adresse : Ou
la nostre estale ses miracles, la vostre doit ceder

ou se cacher : sinon que vous preferiez l'ignomi-
nie d'estre creus temeraires, à la gloire d'estre estimez prudẽs : Contre nous vous ne pouuez gagner
autre aduantage, que celuy d'auoir osè esgaler
vostre puissance à celle des Dieux : Nous sommes du nombre de ceux qui font les destinées :
La vostre est de sortir de ceste dispute couuerts
de honte, au grand regret de la presomption qui
vous persuadoit que vous en sortirez couuerts
de couronnes : Elles sont reseruées pour nous : Et
des-ja le Soleil qui prenoit vostre deffaitte, &
nostre triomfe, poussé à toute bride ses coursiers
vers nostre Empire, pour deuancer la renommée
mesme, & estre le premier par qui les Nereides
qui possedent nos cœurs, aprennent l'agreable
nouuelle de nostre victoire.

GLAVQVE,

MELICERTE.

Quand ces puissances marines quitterent
le sejour de leurs humides palais, pour venir se
monstrer en terre parmy ces fameux Cheualiers, ce ne fut pas pour le desir d'y acquerir de
la gloire : Les Dieux en possedent tãt que leurs
pensées mesmes, quoy qu'infinies, ne sçauroiẽs
s'en

s'en figurer dauantage, ce fut seulement pour joüir de l'incomparable plaisir que leur aporte la presence de ce grand Duc, à qui leur mer obeit, & qui la doit toute semer de fleurs de Lys de l'vn jusqu'à l'autre lit du Soleil. Que si en ce combat ils entrerent dans la lice contre des resistances mortelles, ils le firent pour tesmoigner à la grãdeur qu'ils cherchoiét, qu'où elle paroit, ils se despouillent volontairement de leur condition celeste, & ne refusent point de s'esgaler aux hommes, pour l'esleuer au dessus des Dieux.

L'aide du Mareschal de camp entroit le premier, on le voyoit vestu de satin bleu couuert de passement d'or, portant quantité de plumes bleuës & blanches.

Et tout aussi tost on voyoit paroistre vne mer bien representée, au dedans de laquelle s'entendoit vne armonie cõcertée de plusieurs voix & luts, laquelle cessant on oyoit des haubois qui leur seruoit au lieu de trompettes: elle estoit portee par des mulets dont rien ne paroissoit que la teste, qui representoient des monstres marins à visage d'homme & queuë de poisson: Ils estoient conduits par des Tritõs: l'habillement estoit de satin bleu, couuert d'escailles d'or & d'argent.

Quatre cheuaux pour rompre venoiét apres caparaçõnez de satin bleu, couuerts d'escailles d'or & d'argent : plusieurs testes de poissons

I

paroiſſoient ſortir de deſſous les eſcailles: il y auoit au deſſus grande quantité de langues, le tout couuert d'eſcailles d'or & d'argent: chacun des cheuaux eſtoit mené par deux tritons à face d'homme & queuë de poiſſon, habillez de ſatin bleu couuert d'eſcailles d'or & d'argent.

Six Pages bien montez ſuiuoient apres, ils portoient les lances pour rompre: ils eſtoient veſtus en Syrenes: les caparaçons de leurs cheuaux eſtoient de ſatin bleu couuert d'eſcailles d'or & d'argent: on voyoit de Dauphins repreſentez parmi les eſcailles.

A la place des Eſcuyers on voyoit venir à cheual deux môſtres marins, leurs habillemés eſtoiét de ſatin bleu couuert d'eſcailles d'or & d'argent, portant au bras chacun vn eſcu ou eſtoient ces deuiſes.

Pour Monſieur de S. Auban, GLAVQVE, vn eſcueil au milieu d'vne mer enuironné de nauires briſez, & le mot,

Quien me topa,
Su muerte topa.

Pour Monſieur del Boſc, MELICERTE, vne mer qui embraſſoit toute la terre, & le mot,

Aſſi mi gloria.

Apres entroit Monsieur de S. Auban, &
Monsieur le Viscomte del Bosc qui representoient les Dieux marins, leurs habillemens
estoient de toile d'argent bleuë juste au corps
pour representer la nudité, le tout couuert
d'escailles d'or & d'argent : leurs bas de saye
estoiët de mesme : la botinë couuerte aussi d'escailles : leurs coiffeures estoient de couronnes
faites à escailles, & autour vne guirlande de
roseaux & de canes : leurs cheueux espars leur
pendoient sur les espaules : les cheuaux sur
qui ils estoient montez auoient vn double
caparaçon, celuy de dessoubs estoit de la mesme estofe de leur bas de saye : dans vne mer
peinte au dessus paroissoient plusieurs testes
de Syrenes, de Dauphins & Tritons : celuy de
dessus estoit de langues couuertes de mesmes
escailles d'or & d'argent.

ENTREE DES
Sauuages.

E s Dieux Marins auoient arresté sur eux tous les yeux de ceste grande assemblee, & tous disoient hautemét, que si quelque diuinité guerriere, ne descendoit du firmament pour leur disputer le laurier, il estoit impossible, que les valeurs humaines, quelques adroites qu'elles fussent, eussent dequoi les empecher d'estre victorieux. Il faut toujours que les puissances de la terre, cedent à celles du Ciel. L'admiration que ceste entree auoit excitee, fut interrompue par le bruit martial des tambours, qu'on ouyt pres des barrieres du camp, que le Mareschal general alla faire diligemment ouurir.

Alors la compagnie vit venir à elle Monsieur de la Garde Mareschal de camp des Sauuages. Il estoit bien & pompeusement vestu, mais encore mieux monté. C'estoit sur vn cheual de Barbarie si dispos & si adroit, que je veux croire qu'il estoit fils du plus viste de tous les Aquilons. Comme il fut pres de Madame, il luy fit des soubsmissions si grandes qu'il monstra bien, que quoi qu'il conduisit

des Sauuages, sa nourriture estoit merueilleu-
sement ciuilisee. Apres luy auoir fait entendre
l'enuie que ces Princes des deserts de l'Arabie,
auoient de produire deuant sa grandeur,quel-
qu'vn des miracles de leur vaillance , & qu'il
eut obtenu pour eux le camp qu'il demandoit.
Il donna aux beaux yeux de ceste Princesse la
peine de lire ce Cartel.

CARTEL DES SAVVAGES,
à tous Cheualiers.

CHeualiers , les Geans que nous vous
amenons blessez, vous aprendront par le
nombre & la profondeur de leurs playes , quelle
est la pesanteur de nos coups , & la force de nos
bras.Ces monstres s'en venoient droit en ce cãp,
non pour l'honneur d'y gagner la couronne que
vostre grand Duc a destinée à la meilleure lan-
ce:mais pour rauir les rares beautez dont la presence anime vostre vanité,& vous oster la vie,
si vostre generosité se fut opposee à leurs violen-
ces : Ce malheur,nous l'auons detourné de vostre
teste,pour le jetter sur la leur : Vous nous deuez
des autels, comme aux Dieux de vostre salut;
Que ceste consideration toutefois ne vous empesche pas de disputer auecque nous le prix

de la lice ; L'emporter sans resistance, seroit l'emporter sans gloire : Faittes hardiment tout ce que vous pourrez : Pour vous deliurer de l'aprehension d'en estre estimez ingrats, nous relaschons volontairement tous les nœuds des obligations que vous nous auez: Nostre inclination n'est point barbare, comme nostre païs : Si ce cōbat que nous allons entreprendre, à vostre grand desaduantage, estoit vn combat de sang, nous espargnerions le vostre, & vous ferions aduouer que la courtoisie des armes, n'est pas vne vertu qui nous soit incognuë.

AGESILAN.

IZOLIN.

Ces Sauuages, Princes des deserts de l'Arabie, estoient venus en ces contrées, sollicitez à ce voyage par l'ambitieux desir d'y espreuuer leurs forces contre celles de nos Mars. La facilité que leurs massues trouuoiēt à faire mordre la campagne à l'arrogāce des plus effroyables Geans, leur auoit persuadé qu'ils ne rencontreroient point parmi nous de puissance capable d'arrester le cours de leurs victoires; mais ils eurent bien sujet de changer d'opiniō, & d'accuser leur esprit de s'estre monstré trop

pront à receuoir les impreſſions d'vne ſi fauſſe
creance : Apres qu'ils eurent & veu & eſſayé,
que tout ce que la France aduouë pour ſien,
eſt inuincible aux armes eſtrãgeres, & ne peut
eſtre ſurmonté que par ſoy meſme. Auſſi con-
feſſerent ils en s'en retournant en leurs Prouinces, moins chargez de palmes que de re-
pentirs, que ſi nous eſtimions leur diademe
digne de nos teſtes, il ne ſeroit pas long
temps ſur les leurs : & que ſi le courage de
leurs peuples eſt en quelque reputation, &
leurs climats en quelque tranquilité, ils eſtoiẽt
plus obligez de ceſte bonne fortune à noſtre
meſpris qu'à leur vaillance.

Voicy l'ordre de leur entrée.

Entroit l'ayde du Mareſchal de camp, qui
menoit quatre joueurs d'attabales bien montez : A l'arçon de leurs ſelles pendoient à chacun, deux attabales, ſur leſquels ils batoient
à la façon des Arabes, leurs habillemens eſtoiẽt
de taffetas noir peints de pluſieurs teſtes, bras
& corps deſpecez, les caparaçons de leurs
cheuaux eſtoient de meſme.

Deux cheuaux ſuiuoient menez à grands
cordõs de ſoye verte par quatre Sauuages, dõt
l'habillement eſtoit tout couuert de fueilles
de taffetas verd.

Quatre Nains montez ſur de Lyons pa-

roiſſoient incontinent apres habillez de meſme que les joueurs d'attabales : Ils tenoient
de grandes chaiſnes à leurs mains, ou eſtoient
attachez deux Geants fort bleſſez : Ils portoient les eſcus des Cheualiers , ou eſtoient
ces deuiſes.

Celle de Monſieur de Maureillan , AGE-
SILAN, vn figuier ſauuage,& le mot,

Mortifero,perche ſeluaggio.

Celle de Monſieur d'Aulin , IZOLIN,
vn Tigre irrité,& le mot,

Furor arma miniſtrat.

Monſieur de Maureillan,& Monſieur Daulin paſſerent apres ſoubs les noms l'vn d'Age-
ſilan , l'autre Dizolin Princes des deſerts : Ils
eſtoient veſtus de ſatin incarnat , tout couuert
de grandes fueilles de cheſne de ſatin verd
bordees de canetille d'or.

Leurs cheuaux auoient de girels de ſatin incarnat tous couuerts de fueilles de meſme que
leurs habillements.

ENTREE

ENTREE DES
Argonautes.

LEs Sauuages monſtrerent tant de grace & de gentilleſſe en leurs actions & en leurs habits, que contre ce qui eſtoit de leur deſſein, ils firent croire à tous les yeux de l'aſſemblée qu'ils n'eſtoient pas ce qu'ils eſtoient, & qu'ils n'auoient rien de ſauuage que le nom.

Tout le monde eut pris plaiſir à les regarder plus long temps, ſans qu'on vit ondoyer en l'air les voiles d'vn vaiſſeau, qui ſous la faueur d'vn doux Zephir s'approchoit inſenſiblemét de la porte du camp. C'eſtoit Argo la fameuſe nauire qui portoit dans ſon ſein l'eſlite de ces braues Cheualiers, qui firent jadis la conqueſte de la toiſon d'or. Elle eſtoit n'agueres deſcendue du ciel pour eſtaler en ces lieux à la gloire de ces feſtes le miracle des armes & d'amour. La Deeſſe qui luy monſtra l'art de voguer ſur la mer, & s'y faire vn chemin incognu aux hommes, luy auoit apris celuy de voler. Elle auoit bien ces eſtoiles, dont la nuit elle ſe fait remarquer parmi le reſte des Aſtres; mais comme durant le jour le Soleil

par l'excez de sa clarté les cachoit quand elles estoient dans les cieux : Ainsi les beaux
yeux de Madame, qui sont les Soleils de la
Terre, les couuroient ici bas de tant de lumiere, que pour en auoir trop, elles n'en auoiết
point.

Chacun regardoit auec admiration cest es-
merueillable vaisseau, quand on en vit sortir
Monsieur de S. Circ Mareschal de camp des
Argonautes vestu d'vn pourpoint de satin blãc
en broderie d'or auec le haut de chausses de
velours noir en mesme broderie, le chapeau
couuert de plumes auec le cordon en broderie d'or parsemé de pierreries. Son cheual en-
arnaché de velours noir en broderie d'or alloit tousiours à caprioles, & auec tant de justesse qu'il se faisoit admirer.

En cest equipage il s'adressa à Madame, à
laquelle, apres auoir obtenu le camp pour ses
Cheualiers, il presenta ce cartel.

LES ARGONAVTES,
à tous Cheualiers.

CHeualiers, si la renommée a porté iamais
à vos oreilles les nouuelles de nos exploits,
elle vous a donné par mesme moyen vn secret
conseil d'en euiter les efforts. La grandeur de

nos actions ne peut estre ouye qu'auec l'estonnement qu'aporte le recit des choses prodigieuses,
& qu'auec vne iuste crainte d'en ressentir les
effets. Ce n'est pas que nous ignorions que la
malice ou l'incredulité de quelques hommes a
mis au nombre des fables les merueilles de nos
armes : mais auecque nostre gloire elle a trahi la
verité. Vos yeux & vos courages que nous vou-
lons rendre tesmoins de nostre valeur, vous fe-
ront auoüer qu'elle est plus grande encores qu'on
ne la feint : & qu'au contraire c'est bien vne fa-
ble de croire que ce soient des fables. En fin quelque opiniõ que vous en ayez, desia le seul nõ de
Iason & des Argonautes vous fait tomber l'au-
dace du cœur, & les armes de la main : & nostre
arriuée fatale à vostre vanité, ruine les esperan-
ces que vous auiez d'emporter le prix de ce
tournois : Vous ne pouuez sans temerité nous le
disputer, eussiez vous tout le reste du monde de
vostre parti : Nous sommes si fort accoustumez
à vaincre que cela nous est passé en nature, de
sorte que nous ne pouuons estre ceux que nous
sommes, sans estre tousious victorieux. Voyez
donc Cheualiers qu'elle peut estre vostre esperance, puisque pour nous vaincre il nous fau-

*droit changer: & l'vn & l'autre est également
impossible.*

IASON.   *CASTOR.*

PELEE.   *POLLVX.*

THESEE.   *TIPHYS.*

HERCVLE.   *TELAMON.*

Il pourroit sembler étrange de voir paroi-
tre en nos jours de Cheualiers que la comu-
ne creance pensoit estre dans le tombeau;mais
il faut laisser ces opinions pour le vulgaire,qui
ne considere pas , que sans offencer la sagesse
de celle qui est la sagesse mesme, il ne peut
croire qu'elle ait mis dans le ciel la nauire qui
les porta , & qu'elle ait oublié ces Cheualiers,
que son soing & sa prudéce auoit choisis pour
faire la conqueste de la Toison d'or.Leur merite les exceptoit du rang des hommes & des
loix,que les destins leur ont prescrites. Au cõ-
traire il faut croire que lors que la sage Pallas
attacha ce vaisseau parmy les Astres , elle y lo-
gea auecques plus de raison tous ces braucs
guerriers , dont elle estoit la Deesse tutelaire.
Et voicy maintenant que le bruit de ces tournois les fait descendre en terre,pour donner à
la valeur des Cheualiers,& à la beauté des Da-

mes, le tesmoignage de leur lance & de leurs yeux. Mais leur estonnement n'a pas esté petit, quand parmi tant de diuines beautez ils ont veu Madame qui paroissoit côme le flambeau de la nuict parmi les autres estoiles: Car la prenant pour leur Minerue, ils croyoient qu'elle deut estre dans les cieux, où n'agueres ils l'auoient laissée.

Si ces Cheualiers furent estonnez de ceste veuë, le peuple ne feut pas moins rauy de les voir si braues & si magnifiques. Et voicy comme ils estoient, & l'ordre de leur entree.

Sortoit de ceste grande nef l'ayde du Mareschal de camp suiui de huict trompettes, vestus de tafetas bleu, couuert en des endroits de clinquant d'argent.

Les Caparaçons de leurs cheuaux estoient de mesme, & à costé marchoient huict estafiers habillez de tafetas bleu, le chapeau de mesme couuert de clinquant d'argent.

Huict cheuaux venoient à deux grands cordons d'argent & de soye bleuë, caparaçonnez de satin bleu, couuert de clinquant d'argent auec houpes de soye & d'argent, menez chacun par deux estafiers habillez de mesme liurée que les premiers.

Huict pages suiuoient bien montez, habillés de la liuree, les caparaçons de leurs cheuaux de tafetas bleu, ou paroissoient plusieurs palmes en broderie, faites de petit clinquant d'ar-

gent:ils portoient à la main les escus des Cheualiers, où estoient leurs deuises.

Apres on voyoit paroistre les Argonautes.
Monsieur le Marquis de Mirepoix sous le nom
de Iason marchoit le premier, couuert de satin
bleu en broderie de palmes d'argent, le bas de
saye de mesme, le caparaçon de son cheual de
satin bleu, couuert de trophees en broderie
d'argent. Il le faisoit aller si bien & si haut qu'õ
eust dit qu'il vouloit remonter aux lieux d'où
il ne faisoit que descendre, & où seulement sa
gloire luy permettoit de demeurer.

Les autres le suiuoient vestus de satin bleu,
couuerts de clinquant d'argent, le bas de saye
de mesme, les caparaçons de leurs cheuaux de
satin bleu, couuert de clinquant d'argent.

La deuise de monsieur le Marquis de Mirepoix, Iason, estoit vn bras tenant vne espee à la
main en action de combatre, & le mot,

*Quels feux, quels Dragons, quels
Taureaux.*

Celle de monsieur le Baron de Pordiac, Pe-
lée: l'Ocean, & vn Soleil qui estoit prés de
son couchant, & le mot,

Te aspetto.

Pour dire qu'auec impatience il attendoit
de jouyr de ce qu'il aime.

Celle de monsieur de Pins, Thesée, vne nauire partant du port auecques des voiles noires, le mot,

Feret alba reuertens.

Celle de Monsieur le Baron de Gaian, Her-
cule, vne massue, & le mot,

Monstrorum terror.

Celle de monsieur de Caussens, Castor, son
estoile sur vne mer qui se calmoit, le mot,

Cùm primum illucesco.

Celle de monsieur de Banes, Pollux, vn ciel
paré d'estoiles, la sienne paroissant sur toutes,
& le mot,

Entre todas querida.

Celle de monsieur de Marauat, Typhis, vn
vaisseau voguant en pleine mer, & l'Ourse qui
paroissoit au ciel pour sa conduite, & le mot,

Te duce.

Celle de monsieur de Bobées, Telamon, vne
Toison d'or en champ d'azur, & le mot.

Jllius ergo.

Dés que l'on sceut que Monsieur le Marquis de Mirepoix estoit le chef de ceste quadrille, l'esperance qu'on en auoit côceuë, quelque grande qu'elle fut, s'augmenta de beaucoup. La valeur, la gentillesse & les preuues
que ce Seigneur auoit renduës de sa justesse,
faisoient qu'on ne pouuoit sans crime se pro-
metre de sa lance rien moins que de miracles.
La gloire de ses ayeux, le soin de l'eterniser par
ses actiõs, & la presence de tant de beaux yeux
qui ne le voyoient pas sans amour, luy estoient
de grandes obligations à bien faire, & la lance de Monsieur de Pordiac qui secondoit la
sienne, vn secours à vaincre ce qui est mesmes
inuincible.

COVRSES.

COVRSES.

Pres que tous ces Cheua-
liers furent entrez, & logez
selon l'ordre qui leur fut
donné par le Mareschal general de camp, Monsei-
gneur de Monmorancy
parut sur le bout de la lice
pour en faire l'ouuerture.

Cest vnique exemple de bonne grace, d'a-
dresse & de force, fit des courses si belles, rom-
pit si bien & si iustement, que si à l'heure le
ciel ne prit tous ses yeux pour le mieux regarder, & pour mieux contempler les actions qui
attiroient sur luy, l'amour des Dames, l'enuie
des Cheualiers, & les vœux du peuple, je me
persuade, que ce fut à cause de la honte que
les perfections de ceste grandeur, faisoient à
celles des Heros, dont il se glorifie d'estre la
demeure.

Tous les autres Cheualiers qui coururent
apres luy, rendirent de signalees preuues de

ce qu'ils sont, & firent confesser à tous les as-
sistans, que quand les mains de la gloire se-
roient eternellemét occupees à faire des couronnes elles n'en sçauroiét assez amasser, pour
dignement honorer le merite de leur valeur.

Apres plusieurs bois glorieusement rom-
pus, apres plusieurs courses dignes méme de
l'admiration de Mars. Monsieur le Baron de
Sauignac, emporta le prix de la meilleure lance. S'il doit cest aduantage ou à la fortune, ou
à son merite, je le laisse à juger à ceux qui có-
me moy sçauent que jamais pas vne de ses
actions, n'a dementi la renommee, qui le met
au nombre d'vn des plus gentils Caualiers,
dont la France soit aujourd'huy honoree L'é-
galité de trois courses, & de trois atteintes,
fit qu'il disputa long temps auec Monsieur
de la Hyllere de S. Cassian, qui en la partie
des Cheualiers du Soleil, estoit entré dans le
camp soubs le nom de Gazul.

Le prix de la plus magnifique dépence fut
baillé à Monseigneur de Monmorancy, comme sans doute il eust gagné celuy de la plus
juste course, si l'inclination qu'il a à obliger
ceux qu'il ayme, ne leut porté à faire part de
la gloire du camp, à celuy à qui il auoit fait
part de l'inuention de sa partie.

Monsieur le Marquis Desportes, chef de la
partie des fous, emporta le prix de la plus plaisante inuention, ceux qui cognoissent la sa-

gesse de son esprit, la solidité de son jugement,
& la dexterité dont il se gouuerne aux grandes
occasions, confesserons que jamais il n'eussent
pù imaginer, qu'vn merite si prudent, deut vn
jour receuoir des couronnes par les mains de
la Folie.

Ces trois prix, furent tous trois donnez par
ceux qui les gagnerent, à trois des plus belles
Damoiseles qui fussent en ceste grande assemblee : Le choix que les Cheualiers victorieux
firent d'elles tesmoigne assez qu'ils ont vn esprit aussi clair & net pour cognoistre la beauté & le merite, qu'vn bras fort & puissant pour
vaincre l'orgueil & la temerité. Ces belles sont
des Astres, à qui Madame de Monmorancy,
qui est leur Soleil, a permis de luire aupres
d'elle. C'est en sa compagnie qu'elles sont venuës à Toulouse, pour y estaler des tresors &
des merueilles, qui ne se peuuent voir qu'a-
uec adoration. Ie ne veux pas dire icy leurs
noms, de peur que ces louanges, quoy qu'ine-
gales à leur prix, ne fissent rougir la douceur
de leur modestie.

Ces courses s'acheuerent auec le jour, qui
fut aussi tost rendu à l'assemblee par vn nombre infini de flambeaux que les quadrilles firent allumer, à l'enuy ce sembloit du ciel,
qui s'estoit ceste nuit paré de ses plus beaux
feux.

A la retraite du camp, les Cheualiers auec

leur equipage en fortirent au mefme ordre
qu'ils y eftoient entrez. Monfieur le Vifconte
del Bofc par le commandement de Monfeigneur de Mõmorancy fe mit à leur tefte pour
les conduïre le long des principales ruës de la
ville; Elles eftoient toutes fi pleines de peuple,
qu'à peine fe pouuoit on faire jour pour paf-
fer, jamais tant de cris de joye, jamais tant
d'aplaudiffemens.

Toutes les feneftres des maifons qui eftoiẽt
fur les endroits, par ou les quadrilles paffoient
eftoient fi bien fournies de lumieres, qu'il fem-
bloit que la nuit eut entrepris de vaincre le
jour en clarté.

Apres que ces equipages fe furent monftrez
aux plus fignalees ruës, les Cheualiers fe retirent, pour fe preparer aux courfes de bague,
qui fe deuoient faire le lendemain. Ie veux
croire que durant le fomme de cette nuit, l'i-
mage de la gloire que chacun d'eux efperoit
d'acquerir le jour fuiuant, fe prefenta fouuent
aux yeux de leur ambition.

IOVRNEE
DE LA BAGVE.

COMME la premiere journée, dont nous venons de parler, auoit esté si claire & si belle, qu'il sembloit que les cieux fussent touchez de nostre joye, & voulussent contribuer leur sereni-té à la pompe de ces festes. Celle cy fut vne des plus agreables, & des plus luisantes, qui jamais ayent estalé les tresors de leur lumiere sur nostre horizon. Le Soleil se vit paré des plus dorez & des plus éclairans rayons de sa courõne. Aussi deuoit il estre ce jour là le spectateur des miracles que tout le monde attendoit justement, de l'adresse des Cheualiers de l'arbre en qui fut jadis trãsformée ceste Nymphe fugitiue, pour qui ce grand Astre eut autrefois vn' amour si violente, & si desesperée.

Le contentement que le peuple auoit receu par les entrées du jour precedent, attira au lieu ou la course de bague se deuoit faire,

vne si innombrable, & si infinie multitude de
personnes, que qui auroit ignoré l'estendue &
la capacité de ceste belle & ample Toulouse,
eut aisément creu qu'au bruit de ces magnificences, tout le reste des villes de Languedoc
s'estoit venu vnir à leur ville capitale: & toutefois ie puis dire auecque certitude, & sans es-
pargner la verité, que les estrangers ne faisoiét
pas la centiesme partie d'vne si épaisse foule.

Madame de Monmorancy, de qui les belles mains deuoiét couronner le victorieux, se
plaça au mesme endroit, d'où le jour auparauant elle auoit veu les courses de la quintaine.
Tout ce qu'il y auoit de belles Dames à la ville, n'oublia pas de se rendre aupres de ceste
adorable grandeur : Leurs beaux yeux cherchoiét auec trop de curiosité les objets rares
& extraordinaires, pour se priuer de la veuë
des belles parties, que tout le monde sçauoit
asseurément qu'on auoit preparées. D'ailleurs
quand ceste consideration ne les yeut pas at-
tirées, celle d'y trouuer leurs liurées en l'équi-
page de ces superbes troupes, & d'y voir triõ-
pher leurs beautez, en la magnificéce de leurs
esclaues, n'estoit que trop capable pour les
empescher de s'en absenter.

Le Mareschal general de camp fit que toutes choses allerent par le mesme ordre qu'il
auoit des-ja suiui : tout se conduisit si reglee-
ment & si paisiblement, qu'il n'y eut en ceste

grande affluence de peuple, ni tumulte, ni mef-
contentement.

E N T R E E

DES CHEVALIERS
du Laurier.

Peine auoit on acheué de faire ranger toute cefte nom-
breufe multitude d'hommes,
& de rendre le camp propre a
receuoir fans confufion les
quadrilles, dont le bruit & les
aplaudiffemens du vulgaire annonçoient deja
la venuë : Quand Monfieur le Vifcomte del
Bofc, aduerti qu'vne troupe pompeufe, fuperbe, & efclatante de broderie d'or, eftoit pres
des barrieres, s'aduança pour les faire ouurir
au Marefchal de camp qui la conduifoit.

C'eftoit Monfieur de Villars, couuert de
broderie & de plumes, monté fur vn grand &
puiffant courfier, nourri côme ie croy en Thef-
falie le long des riuages de Penée, fi fameux
par les forefts de lauriers qui font l'ombrage
de fes ondes : Il s'approcha de Madame, & en
obtint la permiffion qu'il luy demãdoit pour
l'entrée des Cheualiers du Laurier, apres luy
auoir prefenté ces vers, & ce cartel.

LES CHEVALIERS
du Laurier,

A MADAME.

Rinceſſe de qui les merueilles,
De honte font cacher le iour,
Et dont les graces nompareilles,
Sont meſmes l'amour de l'Amour.
Voicy les mignons de la guerre;
Et de l'arbre, que le tonnerre
De ſes coups n'a iamais battu,
Ils s'en viennent vous rendre hommage,
Et ſe faire voir en courage,
Ce que vous eſtes en vertu.
Quoy que les ſuccez des conqueſtes,
Qui les rendent ſi redoutez,
Ait fait pleuuoir deſſus leurs teſtes
Vne mer de felicitez :
Et quoy que leurs moindres merites,
Paſſent au delà des limites,
Preſcrites à l'heur des humains,
Leur ame n'aura point de ioye,
Iuſqu'à ce que le ciel les voye
Couronnez par vos belles mains.

L'eſpoir

L'espoir d'vn bien si desirable,
Et de trouuer en vos beaux yeux
Vne lumiere fauorable,
Auiourd'huy les mene en ces lieux
Où leur bras né pour la victoire,
Se promet d'estaler la gloire
Des LAVRIERS dont ils sont couuers,
Et de monstrer que leur vaillance
Porte sur le bout de sa lance,
Les Sceptres de tout l'vniuers.

Deuant ces genereux Alcides,
Dont les coups resonnent par tout,
Les colomnes les plus solides,
Ne sçauroient demeurer debout;
A leurs efforts, l'acier est verre,
Et dans la rondeur de la terre,
Il n'est rien qu'ils ne mettent bas,
Ce dequoy leur humeur s'attriste,
C'est que tout ce qui leur resiste,
Est indigne de leurs combats.

Les Cheualiers du laurier, à tous ceux qui y aspirent.

CHEVALIERS, voulez vous prendre vn conseil, qui sauuë vostre nom du peril où vous l'allez temerairement engager; Ouurez les yeux à vostre presomption, & ne permettez plus qu'elle se flatte de la fausse esperance de pouuoir cueillir icy des Lauriers: La terre en a si peu pour le nombre infiny de nos fameux exploits, & nous sommes si soigneux d'empescher aux deffauts d'autruy, la possession des honneurs qui ne sont deuz qu'à nostre seul merite, qu'il n'y a point d'apparence que nous souffrions qu'en ce theatre de gloire, vous vous coronniez d'autres branches, que de Cyprez: Ne soupçonnez point d'artifice en la franchise de ce discours : Nous ne sommes pas de ceux qui cachent vn courage bas, soubs des paroles hautaines, & de qui les menaces procedent de la crainte : L'arbre dont nous sommes les Cheualiers nous peut bien defendre contre les lances des hommes, puis qu'il nous defend contre les foudres des Dieux. Iugez par là de quelle apprehension nous peut toucher la rencontre de vos

armes ? Vous auez le choix de nous quitter le
champ, ou de gré, ou de force : Si vous estes re-
solus au dernier, tout l'aduantage qui en restera
à vostre temerité, sera celuy d'auoir pour au-
theurs de vostre defaite les plus puissans tonner-
res de la guerre, & pour tesmoins les plus esclai-
rans soleils de l'Amour.

A L C E E.

A L C I P P E.

L I R I D O R.

S T R A T O N I C E.

A N D R O N I C E.

A N D R O F I L E.

Iamais tiltre ne fut si justement donné à
Cheualiers, que celuy du Laurier aux Cheualiers de ceste quadrille : Par tout ou leurs armes ont desployé leur puissance, cet arbre
touché d'vn sentiment non commun, s'est dé-
pris de ses racines pour se venir poser volontairement sur leurs testes glorieuses : & a creu
depuis qu'ils sont au monde, qu'il raualeroit

M 2

son prix s'il seruoit d'ornement à d'autres triomphes, qu'à ceux de ces foudres de guerre: Voila d'où vient qu'inutilement les autres guerriers taschent de se couurir de ses honorables branches: L'euenement de la dispute où ils vont entrer, aprendra assez à tous, que la victoire est eternellement penduë au fer de leur lance : & que pour ne les abandonner jamais, & se rendre plus constante en l'amour qu'elle a pour eux , elle auroit des-ja coupé ses aisles, n'estoit que voyant que ces incomparables aduanturiers n'arrestoient jamais en vn mesme lieu, & cherchoient par tous les coings de l'Vniuers, les occasions de signaler leurs courages, elle iuge que ses plumes luy sont necessaires, pour suiure par tout, & auecque plus de legereté, leurs genereuses entreprises. Mais quoy que tous ces six Cheualiers ayent tellement asserui la fortune, que le plus souuent sa faueur enuers eux preuient leurs souhaits , si faut il confesser que leur chef a des grands aduātages par dessus eux tous; Aufsi possede t'il vn si grand nombre de belles qualitez, que s'il vouloit couronner chacune d'elles, seulement d'vne feuille de l'arbre dont il porte le nom, il en depeupleroit toutes les contrées de la terre.

Apres que Monsieur de Villars eut donné les vers & le cartel, il s'en retourna vers sa troupe pour la faire entrer en cest ordre.

Huit trompetes entrerent de deux à deux,

auec des cafaques de tafetas verd chamarré d'or, la coifure de mefme, les armes de la maifon de Monmorancy eftoient en leurs banderolles, les cheuaux fur qui ils eftoient montez eftoient enharnachez de verd & or, les eftriers & les mors dorez.

Douze pages les fuiuoient veftus de fatin verd, les habits couuerts de clinquant d'or, l'habit de tefte de mefme, ombragé de plumes, les cheuaux fur qui ils eftoient, auoient de girels de fatin verd, tous couuerts de clinquant d'or; chacun d'eux portoit en la main droite vne lance peinte de verd & d'or, & en la gauche les armes & les deuifes des Cheualiers.

Pour Mőfeigneur de Monmorancy, Alcee, vn Laurier droit foubs vn ciel orageux, & le mot,

Nec timet arma Deûm.

Pour Monfieur le Baron de Sauignac, Alcippe, des couronnes de Laurier fans nombre, & le mot,

Como mis hazañas.

Pour Monfieur le Vifcomte d'Arpajon, Liridor, vne victime couronnée de laurier dás vn grád feu allumé fur vn autel, & le mot,

Quemandome triumpho.

M 4

Pour Monsieur le Baron de Montaut, Stratonice, le rameau d'or, que portoit Ænee allât aux enfers, & le mot,

Ducet reducétque.

Pour Monsieur Depins, Andronice, vn laurier & vn Soleil au dessus, le mot,

Aun arde para mi.

Pour Monsieur de Moussoulens, Androsile, vn laurier eslagué qui rejettoit de nouuelles branches, le mot,

Virescit vulnere.

Douze estafiers marchoient de deux à deux vestus de tafetas verd, auec fraizes à passement cape, bas attaché, & espee doree.

Six escuyers montez sur des cheuaux caparaçonnez de toile d'or & de satin verd auec clinquant, aux chanfrains de grosses toufes d'aigretes, chascun des escuyers auoit vne lance peinte de verd & d'or, auec des banderoles de tafetas verd qui tomboient jusques sur la croupe de leurs cheuaux.

Vingt & quatre autres estafiers vestus comme les premiers, menoiét en main douze cheuaux enharnachez de velours en broderie de lauriers d'or & d'argent.

Le Nain de Monseigneur de Monmorancy vestu à l'espagnole de toile d'or, sur vn petit cheual enharnaché aussi de toile d'or, portoit dans vn petit escu ceste deuise pour Monseigneur de Monmorancy : vne marée dont les flots s'esleuoient iusques au ciel, & le mot,

Me leuanto, quando decresco.

Les Cheualiers du Laurier firent leur entrée sur des cheuaux qui alloient trestous à groupades, ils estoient couuerts de toile d'or auec des langues qui flotoient sur les caparaçons couuerts de lauriers en broderie d'or. Dessus encore flotoient d'autres langues couuertes de rozetes d'or auec des campanes d'or, la criniere de mesme, sur le chanfrain des cheuaux force plumes, & toufes d'aigretes.

Les Cheualiers estoient vestus de satin verd couuert de lauriers en broderie d'or, leur habillement de teste en forme de salade, de satin verd couuert de broderie, sur le deuant estoit vn ouale, dans le milieu de laquelle chacun auoit mis vn riche enseigne de pierrerie, sur le derriere de la coifure il y auoit vn nombre infini de plumes & d'aigretes.

Sans mentir, ceste quadrille estoit si superbement equipee, & si parfaitement accommodee de tout ce qu'vne grande despéce pùt demander, que quand on y eut voulu adjoûter quelque nouuel ornement : Ie croi que c'euſt eſté pecher en excez.

Iamais Apollon n'a veu ſon cher arbre, couurir de ſon ombre des guerriers ſi dignes de l'eternité, que les chanſons qu'il dit ſur ſa lire, promettent aux nourriçons de la gloire. Les fameux & prodigieux exploits de leurs armes ſont tels, qu'ils ſont capables de mettre la ſueur au front des Orphees, non ſeulement de l'Europe, mais de tout l'Vniuers.

E N T R E E

D E S   N Y M P H E S

des Monts Pyrenées.

Out ſembloit eſtre endormi dans le ſilence de l'admiration, que l'eſclat de l'entree des Cheualiers du Laurier auoit donnee à toute l'aſſemblee, Quand inopinement elle fut eſueillee par vn grand bruit de trompetes, qui imitant le ſon des trompes de chaſſe, fit incontinent iuger, & veritablement, que Diane auoit fait quiter l'arc pour prendre la lance, à quelque troupe de ſes Nimfes les

plus

plus choisies, & les plus propres à gagner le prix de la carriere.

Le Mareschal general fit aussi tost ouurir les barrieres à celuy de ceste quadrille : C'estoit Monsieur de Castaniac, qui parut superbemét vestu, richement paré, & monté sur vn grand coursier, dont la blancheur égaloit celle des neges, qui presque durant tout le cours de l'annee, cachent les sommets des montagnes, ou les Nimfes qu'il conduisoit, font leur ordinaire demeure. Comme il fut pres de Madame il luy presenta ce cartel, apres auoir toutefois obtenu d'elle la grace qu'il demandoit pour les belles guerrieres dont il estoit le guide, & pour vn Turc que ces belliqueuses beautez auoient vaincu en chemin.

Cartel des Nimphes des Monts Pirenées.

LES cris de ioye & destonnement, qui ont resueillé les Echos de nos grotes solitaires, nous aprenant la cause de ces contentemens, ont en mesme temps inspiré de si violens desirs en nos cœurs, que ne pouuant plus souffrir le morne silence de nos bois, ny la douceur de nos innocentes vies, nous auons abandonné nos Montagnes pour donner de nouueaux rauissemens à nos

N

yeux : & pour faire voir qu'en ces militaires plaisirs de la Course nous sçauons aussi bien employer la lance que dans nos bois les flesches & les dards : Bref que nous sommes autant ennemies des molles paresses & trompeuses voluptez de l'amour, qu'esprises des honnestes exercices de Diane & de Mars.

DRIOPE,

CLYTIE,

ORITHIE,

PARTENOPE.

Depuis que les Diuinitez justement offensées de nos irreuerences, se sont retirées d'entre nous, & ont reuolé au ciel pour ne reuenir plus bienheurer la terre par leur presence, les yeux des hommes n'auoient point veu ces belles & diuines Nymphes : La haine qu'elles portent à nos deffauts, le soin qu'elles ont pour la conseruation de la chasteté de leurs veux, les ont tenu cachées dans la sombre espaisseur de leurs forests inaccessibles. Que si elles quitterent à l'heure les solitudes des Pyrenées, dont le feste qui monte ou nostre veuë ne sçauroit arriuer, les mesle presque parmi les dieux, & les fait viure dans le firmament, ce ne fut pas pour courir aux appas de la gloire, qui au bout de la carriere leur faisoit monstre de la recompense destinée à la lance la plus heureuse. Ce fut pour venir se soubmettre, à ceste incomparable Princesse, de qui les belles mains deuoient couronner le plus adroit gendarme de toutes ces pompeuses parties, & luy tesmoigner qu'elles croyoient que quoy que l'orgueil de leurs monts baisat les estoiles, si n'auoit il point de hauteur qui pût égaler celle sa vertu.

Voicy l'ordre de leur entrée.

L'aide du Mareschal de camp: six trompettes vestus de casaques de lame d'argent incarnate: leurs cheuaux estoient couuerts de mesme: leur coiffure estoit de gaze d'argent d'où sortoient quantité de feuilles de chesne: les feuilles estoient de satin vert, les bords canetillez d'argent.

Huit cheuaux menez chacũ par deux Estafiers, vestus comme les trompettes, a grands cordons d'argent & de soye incarnate, ils auoient des girels de satin incarnat couuerts de fleurs en broderie d'argent, le chamfrein ombragé de plumes & aigrettes.

Huict pages bien montez, habillez de satin incarnat couuert de clinquant, la bottines de mefme : les caparaçons des cheuaux eftoient de lame d'argent incarnate:le chamfrain couuert de plumes & aigrettes : ils portoient les lances des Cheualiers argentées.

Ils eftoient fuiuis de fix Eftafiers portans toque, veftus de lame d'argent incarnate.

Apres venoient les Nimphes , de qui Monfieur le Comte de Carmaing eftoit le chef: leurs habillemens eftoient vne robe de toile d'argent chamarre de clinquant d'or, trouffee jufques a demi iambe:ils auoient au deffus vne grande mante de fatin incarnat toute couuerte d'eftoiles en broderie d'argent: leur coiffure eftoit des triples couronnes : elles portoient leurs cheueux efpars fur les efpaules:les caparaçons de leurs cheuaux eftoient de mefme leurs mantes:le chamfrain couuert de plumes & d'aigrettes.

Au milieu d'elles paroiffoit Monfieur de Maurens habillé en Turc d'vne cafaque de fatin noir couuerte de broderie d'argent , les manches de fatin blanc,le turban de fatin noir & blanc, & fon cheual caparaçonné de fatin noir en broderie d'argent; c'eftoit vn captif que ces belles Nimphes auoient vaincu & fait leur prifonnier : Elles luy auoient permis de paroiftre en cefte grande affemblée pour le diuertir des ennuis que luy aportoit fa defaitte,& la fafcheufe abfence d'vne Dame dont il eftoit efperduĕment amoureux.

Ces Nimphes eſtoient ſuiuies dè quatre Eſcuyers veſtus de ſatin incarnat chamarré de
paſſement d'or : les ſelles de leurs cheuaux
eſtoient de velours vert couuertes de broderie d'argent : le chamfrain des cheuaux ombragé de plumes & d'aigrettes : ils portoient les
eſcus des Nimphes ou eſtoient ces deuiſes.

Pour Monſieur le Comte de Carmaing,
Driope, deux couronnes de palmes, & le mot,

Aquel ſolo las merece,
Que la virtud fauoreſce.

Pour Monſieur de Flarambelle, Clythie, le
mont Ætna dont les flammes s'eſleuoient iuſ-
ques au ciel, & embraſoit toute la contrée, le
mot,

Mayor es lo de mi alma.

Pour Monſieur de la Yllere de S. Caſſian,
Orythie, vn mont Olimpe qui portoit ſa teſte
beaucoup plus haut que les nuées & vn Soleil
au deſſus, le mot,

Nunca pormi ſeſconde.

Pour Monſieur d'Yſandon, Parthenope, vn
Lion grauiſſant ſur vne mótagne preſque in-
acceſſible, le mot,

Per aſpera.

Apres venoit vn escuyer habillé en Turc qui portoit ceste deuise. Pour Monsieur de Maurens, Selin, vn escu de sable, & le mot autour,

No ay figura por mi dolor.

ENTREE DES
Cheualiers de la Beauté.

Ous auez veu n'a gueres comme les belles Nymphes des Pyrenées bruslerent d'amour le cœur de tous les Cheualiers ; Ie vous feray voir maintenant de guerriers qui brusleret de mesmes feux celuy des Dames : Et peut estre que mesmes ces Deesses ne s'en retournerent pas chez elles sans en raporter quelque estincelle, qu'elles conseruent encore parmi les neges & les froidures de leurs montagnes. Ce sont les Cheualiers de la Beauté, dont Monsieur de S. Circ estoit Mareschal de cãp. Ce fut celui qui le premier attira tous les yeux à soi par l'esclat des diamans & des pierreries dont il estoit paré : son habit estoit vn pourpoint de toile d'or incarnate à fleurs, & vn haut de chausse de satin incarnat couuert de

clinquant d'or. Il estoit monté sur vn cheual
d'Espagne blanc , beau à merueilles dont la
prestesse trompoit mesme les sens,& la vitesse
esgaloit celle des Aquilons. La permissiõ qu'il
demanda de faire entrer ses Cheualiers luy fut
incontinent accordee par ceste Princesse à qui
il presenta ce cartel.

LES CHEVALIERS
de la Beauté,

AVX CHEVALIERS.

CHEVALIERS , Nous sçauons
nous faire craindre aussi bien qu'aymer :
Et si nos visages sont l'amour du monde , nos
courages en sont la terreur. Il est impossible de
se defendre de nos appas : mais plus encore de
nostre vaillance. Nos graces & nos perfections
ont bien peu nous faire agreer aux yeux de la
Beauté mesme , mais nos actions nous ont fait
admirer à ceux de l'Enuie. Nous nous seruons
auec vn esgal bonheur des armes d'Amour , &
de celles de Mars. Ne pensez pas que ce soit vn
coup de vanité. Le Soleil qui nous a veu tous-
iours chargez de Myrthes & de Lauriers en est
l'irreprochable tesmoin : Et si pour estre beau

vous le iugez partial pour nous, qui luy sommes
semblables, nous sommes contens de vous en
faire voir l'experience : Toutesfois puisque cet
par les armes seulement que l'on doit emporter
le prix de ce Tournois, vous n'auez à vous gar-
der que des efforts de nos bras. Si nous n'eussiõs
caché nos visages vous en pourriez tirer l'excuse
de vostre defaite, & dire, non sans apparence,
que voyant de si beaux ouurages de la Nature,
vostre cœur n'auoit peu permettre que vos lances se portassent à les offenser. C'est apres auoir
esté vaincus que vous verrez ces merueilles ; &
que nous rendrons compagnes de vostre sort tant
de belles Dames qui sans resistance se rendront
à nos attraits : affin qu'il ne reste rien qui ne soit
à nous ou par armes, ou par amour.

CALLIPHILE.	DAMON.
EROSTRATE.	CALIDON.
CLARION.	PYRAME.
ORANTE.	EROTIME.

Il arriue fouuent que l'Amour change les yeux auffi bien que le cœur, & que trompant nos fens il imprime en noftre imagination des creances bien efloignees de la raifon, jufques à nous perfuader, que celles que nous feruons font de diuinitez,& nous faire prendre de vulgaires appas pour la Beauté mefmes. Ceft aueuglement auoit jadis fait croire à ces Cheualiers que celle qu'ils feruoient eftoiĕt la Deeffe à qui les hômes ont donné le nom de Beauté : mais depuis la veuë de cefte diuine Princeffe, la raifon leur oftant toute paffion de l'ame pour n'y laiffer que le refpect, en ofta cefte opinion, & leur fit auoüer que nulle autre qu'elle ne meritoit ce titre, & que c'eftoit la Deité qu'ils adoroient fous vn vifage eftranger. C'eft ce qui les obligea à luy faire donner ces vers en defaueu de leur erreur.

Les Cheualiers de la Beauté,
A MADAME,

PRINCESSE *digne des autels*
Que poffedent les immortels,
Beau fuiet d'amour & d'enuie :
Voit on paroiftre dans les cieux
D'Aftre, que la raifon conuie,
De fe comparer à vos yeux ?

O

Qu'elle roze à voſtre fraiſcheur,
Ou quel lys a voſtre blancheur,
Pourroit-on preferer ſans crime ?
Et pour quelle ſorte d'appas
Ne faut il point qu'on vous eſtime,
Plus que les belles ne ſont pas ?

Le nombre de vos qualitez
N'a point ſes termes limitez,
Et quelque eſprit qui ſe diſpenſe
A contempler l'ame ou le corps,
Plus il regarde, & plus il penſe,
Plus il deſcouure de threſors.

De nous, qui parmy les hazards
Auons couru de toutes parts
Aux deſſeins d'amour, & de guerre,
Nous dirons auecque raiſon,
Qu'il n'eſt rien d'aſſez beau ſur terre,
Pour vous mettre en comparaiſon.

Cet excez de perfections
A qui vos hautes actions
Adiouſtent vn eſclat extreme,
N'eſt point pour vn vulgaire obiet ;
Nulle autre que la beauté meſme
N'en ſçauroit eſtre le ſuiet.

Non, non, par un deſſein nouueau,
    La Beauté ſous un corps ſi beau
    Paroit viſible entre des hommes :
    De là vient qu'un tel ornement
    A comblé le ſiecle où nous ſommes
    De merueille & d'eſtonnement.

Nos courages ſont innocens,
    De l'erreur qu'ont commis nos ſens,
    D'auoir iadis eſtimé telle
    Vne autre à qui la verité
    Permettoit bien le nom de belle,
    Non pas celuy de la Beauté.

A la honte de ſon renom
    Elle vous doit quiter ce nom,
    Et vous confeſſer ſans ſeconde :
    Voſtre droit eſt trop apparent
    Si vous faites les yeux du monde
    Arbitres de ce different.

Puis, qui pourroit qa'à ſon mal-heur
    En voyant que noſtre valeur
    Se met du party de vos charmes,
    Eſtre ſi fort outrecuidé
    D'oſer maintenir par les armes
    Le tiltre qu'elle a poſſedé.

Les beaux yeux des Dames qui receuoient
infenfiblement par cefte lecture des fecretes
ardeurs, fe tournoient à chafque fois deuers
l'entree du camp ou leur cœur auoit defia volé. Les moments fembloient de fiecles à leur
impatience, & comme il arriue és chofes qu'on
defire auecque pafsion, elles prenoient de fi-
niftres prefages du moindre retardemét: Mais
en fin l'arriuee de ceux qu'elles fouhaitoiét trõ
pa heureufement toutes ces craintes, & chan-
gea ces glaçõs de peur en des flames d'amour.
Ces Cheualiers pour fe rendre dignes du titre
qu'ils portoient, & de la gloire du fujet qui les
auoit obligez à le prendre, & pour fe tefmoi-
gner en leftife ce qu'ils eftoient en valeur, mirent du foin à s'habiller le plus proprement &
richement qu'il fe peut : L'art aidoit fi bien à
la Nature, & la Nature à l'art, que qui n'eftoit
touché du plaifir de les voir, deuoit eftre in-
fenfible ou enuieux. Aufsi les yeux des Belles
qui font les vrays Iuges des gentilleffes, y
trouuoient tant d'appas, qu'ils eftoient toujours attachez à de fi beaux objets, & comme
s'il y eut eu quelque inuifible aymãt, les cœurs
des Dames plus infenfibles, qui auparauant
eftoient de fer, ne pouuoient s'empecher de
les fuiure. Voici l'ordre de leur entree & la def-
cription de leur equipage.

L'ayde du Marefchal entra accompagné de
huit trompetes : Il eftoit veftu de fatin incar-

nat couuert de lame d'or, son cheual caparaçonné de satin incarnat couuert de clinquant d'or.

Les trompetes estoient vestus de satin incarnat couuert de bandes de satin fleur de lin, le chapeau estoit de mesme, mais à la Flaméde.

Seze estafiers menoient en main huit cheuaux enharnachez de satin incarnat à bandes de satin fleurdelin bordees de clinquant d'or, on les menoit à deux escharpes de tafetas incarnat & fleur de lin, auec de grandes franges d'or & de soye fleurdeline au bout. Les estafiers estoiét vestus de la liuree auec la cape de mesme, & le bas d'attache incarnat.

Huit petits Amours venoient apres vestus de satin incarnat & fleurdelin auecque leurs aisles de mesmes couleurs, qui pour porter les lances dorees de ces Cheualiers, auoient quité leur arc & leur trousse. Leur habit estoit tout parsemé de papillotes d'or, qui sembloiét au soufle des Zephirs seruir encore d'autres aisles à ces petits Dieux.

Huit petits estafiers les suiuoient vestus de la liuree.

Apres venoient huit escuyers vestus de satin incarnat à bandes de fleurdelin bordees de clinquant d'or, qui portoient de lances auecque de banderoles de tafetas des mesme couleur : ils portoient au bras gauche les escus des

Cheualiers ou eſtoient leurs deuiſes.

Pour Monſieur le Marquis de Mirepoix, Calliphile, vne Sirene, & le mot.

Periglioſa belleZZa.

Pour Monſieur le Baron de Pordiac, Eroſtrate, vn Soleil en ſon midy, & le mot.

Piu ardente quando piu eminente.

Pour Monſieur le Baron de Mirepoix, Clarion, vn Aiglon qui regarde vn Soleil, & le mot.

Arto fuerte.

Pour Monſieur le Baron de Gajan, Orante, des eſclairs dans vn ciel orageux, & le mot.

Toſto fulminaró.

Pour Monſieur de Cauſſens, Damon, vne lame d'or dans vne fornaiſe, & le mot.

Auget flamma decus.

Pour Monſieur de Banes, Calidon, des armes d'Amour & de Mars attchées enſemble, le mot.

Quis reſiſtet?

Pour Monſieur de Marauat, Pirame, vn
ardent qui paroiſſoit dans vne nuit obſcure ſur
des eſcueils , & le mot.

Lumen fatale ſequenti.

Pour Monſieur de Bobées , Erotime, vn
diamant , & le mot.

Bellezza è fermezza.

Les Cheualiers venoient apres veſtus de ſatin incarnat à bandes de ſatin fleurdelin, bordees d'vn petit clinquât d'or , & l'eſpace d'entre les bandes à fleurs en broderie d'or, & le
bas de ſaye de meſme: Leurs chapeaux à la Frã
çoiſe eſtoient de ſatin incarnat à bandes de
fleur de lin bordees de clinquant d'or , & l'eſpace d'entre les bandes à fleurs de broderie
d'or. Les panaches qu'ils y portoient eſtoient
ſi beaux & ſi grands, qu'ils euſſent fait ombre
à l'or , ſi vne grande enſeigne de diamants que
chacun y auoit attachee au bas n'euſt diſſipé
ceſt ombrage par ſon eſclat : Leurs botines
eſtoient de meſmes que leur habit, le bas d'attache incarnat , & les jarretieres de tafetas
fleur de lin auecques de grandes franges d'or
& de ſoye fleur de line au bout.

Les caparaçõs de leurs cheuaux eſtoient de
ſatin incarnat à bandes de ſatin fleurdelin bordees de petit clinquant d'or , & l'eſpace d'en-

tre les bandes à fleurs de broderie d'or : Les reſnes de tafetas incarnat & fleur de lin frangé d'or & de ſoye fleurdeline.

Le chamfrain des cheuaux ombragé de panaches & aigrettes les faiſoit merueilleuſement paroiſtre, meſmement que les Cheualiers alloient touſiours à courbetes, & auecques tant de juſteſſe qu'on eut dit que ce n'eſtoit pas ſans ſoin & ſans eſtude.

Il faudroit auoir autant de plumes que la Renommee a de bouches pour mettre au juſte degré de loüange la gloire de ces Cheualiers. Ie laiſſe à ceſte courriere emplumee & à la Raiſon le ſoin de la publier par le mõde. Mais ma plume a de la peine à s'empecher de donner deux lignes à l'honneur de Monſieur le Baron de Mirepoix. Sa gentilleſſe qui en vn âge ſi tendre ne peut eſtre miſe qu'au nombre de miracles, n'a elle pas merité que l'on en parle touſiours ? Et à qui ne fait elle pas croire, que ſi encores ce n'eſt qu'vn gracieux Amour, les jours à venir le verront vn Mars redoutable.

ENTREE

ENTREE DES Amazones.

ES choſes rares ſe font or-dinairemēt deſirer long tēps: il ſemble qu'elles affectent de ſe faire acheter par vne lon-gue eſperance; Celle que tou-te ceſte grāde aſſemblée auoit conceuë des ingenieuſes inuentions, & de la ſuperbe magnificence de Monſieur le Mar-quis des Portes, faiſoit que ce n'eſtoit point ſans vne fort violente impatience, qu'on at-tendoit la partie dont il eſtoit le chef: elle fut la derniere de toutes; auſſi fut elle digne de clorre des deſſeins, & des pompes qui meritēt d'obliger les meilleures plumes du monde, à leur donnér l'eternité.

Au bruit des trompettes qui annonçoient l'arriuée de ceſte derniere quadrille, les barrie-res furent ouuertes à Monſieur d'Aunoux Mareſchal de camp: Il eſtoit mōté ſur vn grād & puiſſant cheual Turc: Les Amazones de qui il eſtoit le guide, l'auoient gagné en vne ba-taille ſignalée, où elles abattirent l'orgueil des Othomans. Ces guerrieres cherchent la vi-ctoire par tout, & la trouuent par tout. Il ni a

P

fleuue, môtagne, ni diſtance de lieux, dôt elles puiſſent eſtre arreſtées : Deſ-ja elles ont fait ſentir ce qu'elles peuuent, par tout ou le bruit de leur nom, qui eſt cognu aux deux bouts de la terre, a rempli les oreilles des hommes. Ce Mareſchal eſtant pres de la galerie d'où Madame jettoit les rayons fauorables de ſes beaux yeux, ſur les troupes qui entroient dans le câp, il luy preſenta ce cartel.

CARTEL DES AMAZONES
à tous Cheualiers.

CHEVALIERS, preparez vous non ſeulement à la perte de voſtre gloire, mais encore à la perte de voſtre liberté : Mars regne par la valeur de nos mains, & l'amour par le feu de nos yeux. Ou de force ou de gré, il faut que vous ployez ſoubz noſtre puiſſance. Le bruit de la voſtre & des autres rares qualitez qui ſont en vous, nous a tirées de nos Prouinces : Il eſt ſi grand en la bouche de toute la terre, que nous croyons certainement trouuer, & de l'honneur à vous defaire, & de la douceur à vous aymer. Iugez ſi vous deuez appeller malheur la reecontre de vos lances & des noſtres, puis qu'aſſeurees de vous vaincre, & de vous *pouuoir impofer telles loix qu'il nous plaira, nous fommes refoluës de vous donner noftre af-fection, elle vous rendra victorieux de vos vi-ctorieufes, & mettra plus de contentemens en vne heure dans voftre cœur, que l'heureux fuc-cez d'vn fiecle de iournées pareilles à celle-cy, ne fçauroit mettre de couronnes fur voftre tefte.*

ORTAMYRE.	OLIMPIE.
HYPOLITE.	SEMIRAMIS.
PENTESILEE.	RODOGVNE.
TOMIRIS.	

Au pied du Cartel eftoient ces deux Quatrains.

Trompette, ceffe tes alarmes,
Va dire à ces audacieux,
Que s'ils efchapent à nos yeux,
Il faut qu'ils meurent par nos armes.

Nul ne furgit à noftre port,
Qu'il ne brife fon efperance :
Car il y rencontre la mort,
Si l'amour n'eft à fa defence.

Deux puissantes considerations obligeoiẽt ces magnanimes guerrieres à courir par tout où le jour esclaire : l'vne estoit pour esprouuer leurs lances contre toutes les plus fameuses du monde , & sçauoir par cet essay , si la force de leurs bras respondoit à leur reputatiõ: l'autre pour rencontrer des hommes qui pûssent leur donner vne legitime amour,& vne posterité capable d'assujettir à leurs vertus tous les Empires dont elles estoient dignes, c'est à dire tout l'Vniuers. Elles deuoient venir en France deuant que d'aller ailleurs, leurs desirs y auroient trouué d'abord, ce qu'en toute autre part,ils ont cherché vainement. Ce Royaume est si plein de merites couronnez de palmes & de myrtes , que si ces belliqueuses beautez n'y rencontrent point des vaillances qui les puissent vaincre , ni des qualitez qui les puissent faire aymer, elles peuuent justement s'estimer l'vnique exemple de la valeur,& se resoudre à vser ce qui leur reste de vie dans la solitude d'vn triste veufuage.

Voicy l'ordre de leur entrée.

L'aide du Mareschal de camp entra le premier accompagné de sept trompettes vestus de taffetas incarnat , doublé de raffetas blanc, auec de bandes de clinquant d'or & d'argent: les coiffures de mesme , & des aigrettes blan-

ches au haut des coiffures : ils portoient aux
banderolles les armes des maisons des Amazones.

Sept cheuaux en main les suiuoient caparaçonnez de satin incarnat & blanc, chamarrés
de clinquant menez par quatorze esclaues,
couuerts de juppes de damas incarnat &
blanc, les botines, & les bonnets de mesme
couleur & estoffe, couuerts de passement : ils
estoient sans espees, vne chaisne à leur bras,
ou les courdons des cheuaux estoient attachez.

Apres marchoient sept petits pages à cheual, les habits & les caparaçons de la mesme liurée de taffetas, auec de clinquans d'or & d'argent, le porte-espée, & le fourreau de mesme,
l'espee argentée & dorée, leurs petits bonnets
estoient faits à plis de la mesme liurée, chamarrez de clinquant, & garnis de plumes.
Chacun d'eux portoit vne lance argentée
esmaillée d'incarnat, d'où pendoient des banderolles de taffetas incarnat & blanc, auec des
chiffres d'or & d'argent.

Sept escuyers les suiuoyent vestus de iuppes
de satin incarnat decoupé, la piece emportée,
doublé de satin blanc, leur habit estoit tout
chamarré d'or & d'argent, la coiffure de plumes de mesme liurée. Ils portoient leur bras
droict en escharpe, & de l'autre pendoient les
escus des Amazones auec leurs deuises.

Pour Monſieur le Marquis Deſportes, Octamire, vn Soleil, & le mot.

Vro nec vror.

Pour Monſieur de S. Auban, Hypolite, la terre enuironnée de l'eſphere du feu, & le mot.

Aunque cercada no quemada.

Pour Monſieur del Boſc, Pantaſilee, vn foudre qui frapoit la cime des plus hautes mõtagnes, & le mot.

Contra los mas leuantados.

Pour Monſieur Deſcoulobre, Tomiris, vne victoire qui auoit les aiſles coupees, & le mot.

Con mi alfange.

Pour Monſieur Daulin, Olimpie, la terre entre les quatre vents, & le mot.

Immota reſiſto.

Pour Monſieur de Planeſes, Semiramis, vne nauire qui voguoit en pleine mer, & le mot.

Quo me fata vocant.

Pour Monſieur de Maureillan, Rodogune,
vne nuë pleine d'eſclairs, & le mot.

Terror y lumbre.

Ces eſcuyers eſtoiẽt ſuiuis des Amazones, les
cheueux leur pẽdoient partie ſur les eſpaules,
l'autre eſtoit enlaſſée de nœuds & de rubans,
enrichis de broderie d'or & d'argent, & cinq
touffes d'aigrettes, auec autant d'enſeignes de
diamants en leurs coiffures, leurs mantes e-
ſtoient de toile d'argent ſemée de fleurs incarnates, doublées de ſatin blanc, eſchancrées
vers l'eſpauliere, & à demy bras, les manches
de toile d'argent, leur eſcharpe de fil d'or &
d'argent, d'où pendoit vn cimeterre doré &
argenté, & le fourreau de la liurée, le bas incarnat, & la botine de toile d'argent à fleurs
incarnates. Leurs cheuaux eſtoient caparaçonnez de ſatin blãc & incarnat, couuers de canetille & pourfileure d'or & d'argent, ſur le chanfrain il y auoit trois touffes d'aigrettes, & autant ſur la croupe.

COVRSES.

Es que toutes ces belles &
magnifiques entrees furent a-
cheuees, & que la troupe des
Amazones eut pris la place
qui luy fut donnee par le Mareschal de camp general: Mõ-
seigneur de Monmorancy courut la premiere
lance, & puis ceux de sa quadrille, chacune
vne à leur tour. Les autres en firent autant, &
tous recommencerent apres en mesme suite,
jusques à trois fois chacun.

Nostre grand Duc, courut de si bonne grace, & si justement, que si la fortune ne secõ-
da pas son adresse, je croi que ce ne fut, que
pour tesmoigner que son inconstance, n'est
constante qu'au caprice, qui luy fait toujours
oster au merite, la recõpense qui luy est deuë.
Toute la satisfaction qu'il receut, fut que la victoire ne s'estant point tournee de son costé,
elle se tourna au moins du costé de sa troupe,
de sorte qu'en quelle façon il sortit victorieux
du camp.

Monſieur de Pins, qui en la partie des Cheualiers du laurier, auoit paru ſoubs le nom d'Andronice, fut celuy à qui l'aduantage de la carriere demeura: Trois dedans qu'il mit l'vn à ſuite de l'autre, oſterent aux riuaux de ſa lance l'eſperance de la victoire.

Monſeigneur de Monmorancy, comme chef de la quadrille du laurier, preſenta ce Cheualier triomfant à Madame: pour prix de ſon addreſſe il receut de ceſte incomparable Princeſſe vn beau & precieux diamant: jamais il ne ſe vit joye eſgale à celle de ce guerrier victorieux. Quand le ciel eut chargé ſon front d'vn diadeſme, & rangé à ſes pieds les plus hautaines arrogances de l'vniuers, Ie croi veritablement que ſon contentement n'eut ſceu eſtre plus parfait. Auſsi ſe pût il glorifier d'vn aduantage qui eſt rare au ſiecle où nous ſommes, & qui n'a jamais eſté commun aux paſſez, qui eſt de s'eſtre veu couronner en méme temps, par les mains de la Beauté & de la Vertu. Ce ſont deux mortelles ennemies, & qui ne peuuent que rarement compatir enſemble.

Déja la nuit arriuoit pour enueloper noſtre hemiſphere dans la noire eſpaiſſeur des tenebres, & la Lune qui n'auoit point fait ſon profit de la honte que le Soleil auoit receuë par les lumieres de beaux yeux des Dames, dont la preſence honnoroit ces magnificences,

Q

commençoit à se monstrer : Quand Monsieur le Viscomte del Bosc Mareschal de cãp
general, se mit à la teste des quadrilles, dont
je viens de vous peindre les entrees. Et suiuãt
l'ordre du jour precedant, se prit à les conduire
le long des grãdes & larges ruës de Toulouse.

L'admiration du peuple fut à l'heure telle,
qu'elle surmonta l'esperance des Cheualiers,
& les demonstrations de joye, que luy mesme
auoit donnees la journee d'auparauant. Toutes les fenestres estoient si esclairantes de feux
& de lumieres, qu'on eust dit à les voir, que le
Soleil s'estoit caché dans les particulieres maisons de ceste grande ville, pour dresser vn em-
buscade aux flambeaux de la nuit, & en dissi-
per l'esclat par surprise.

Apres que tous les yeux de ceste populeuse
cité, furent contentez par la veüe de ces incõ-
parables quadrilles, & que la plus grande partie de la nuit eut esté employée à faire montre
d'vne magnificence digne de la clarté du plus
beau jour qui jamais ait illuminé l'vniuers:
Tous les Cheualiers se retirent chez eux, pour
se preparer au bal, ou les Dames les attendoient auec impatience, parce qu'elles les voyoient auec amour.

Le lendemain, qui estoit le jour de Caresme-
me-prenant, Monseigneur de Monmorancy
non contant de ce qui s'estoit déja fait, parut
dans les grandes places de ceste grande ville,

accompagné de plus de trois cens Gentils-hō-
mes. Ils y rompirent treſtous contre vn hōme
armé:au grand contentement des Dames, qui
ne ſe pouuoient laſſer d'admirer ceux qu'elles
ne ſe peuuent laſſer d'aymer : & des citoyens
que rien ne pouuoit empecher de courir aux
lieux ou deuoit ſe monſtrer ce grand Duc : Ce
peuple en fait ſes delices , & le croit ſon Ange
tutelaire, Apres ce grand L o v y s , que le ciel
ſoigneus du ſalut des François , nous a donné
pour ſouuerain Monarque.

EN FABOV DE QVI SE PLAY

*à la lengo Moundino le Magicien d'Amour
à mes aci le Prologue en sa gayetat.*

AQuel à toutjoú tēgut le cap entre dos aureillos quen'a pas au-
git parla de Patracolis le Gour-
mancién, Aftrologue que laiſſo
les Aftres à loc. Car obira les
Elemens es vn eſcay de mous
miracles. A ma paraulo la Térro
demoro en vnos, l'Aygo n'es pas l'Aire, & dins
le Foc nou gauzi pas metre la ma. Plutoun, Prou-
ſerpino & toutis les eſtarjans de ſoun ouſtal malin-
gért benen Mouninos quand me play, & fan à
moū dit le bouquela. Le Cél, autaléau que le cridi
me reſpoun, *Pléti Mouſſur.* Yeu fau boula les Mounts
Pyrenéos coumo de plumaillets à cops de paletos
de moun coumandomen. Yeu faré beni le jayet
blanc coum'vn coutou, *de tineto.* Yeu faré qu'vn
grumicél de burre nou ſe foundra pas dedins vn
four *tourrat.* Yeu aniré del Sali, à Naubernat plus
dret per la grand carriéro, qu'vn deſpouderat per
Sanſubra.

Aſſo nou ſemblara res à qui ſap que per magio, en redougnan las alos d'vn capél yeu fauc vno coufeto. A cocò.

Percanto del Diu nenet que domenico les plus gigans, mous caracteres ne tiron tal partit que bolen, dinquios à releba de peno les Amourouſes demarrimats, o deſcrubi bertadiéromen ſo que diu arriba de lours perſutos. Hiér encaro ſourtigui de ſas térros de Paphos, oun bigui per raretat vn ſerbitou & vno meſtreſſo noubelaris, qu'eſtudiaon à ſe courtiſa en coumençan lour litſou per, a, e, i, o, u. Chér armoire de més deſirs (pete le franciman en fét d'amour) *Tireto* de mes eſperáces, jaçoit que la reuerberation de mes inquietudes ait ſouuent porté voz rebelles humeurs à l'enttretien de ma paſsion en longanimité; ſi eſt-cc, que pour vous rendre de plus prolixes ſeruices, ie n'ay pas encores ſalbé, de las y plicr de ce monde.

A, Madamoiſelle, ça diſſec el per exclamaciu. E, Monſieur, ça diſſec elo, & damb'vn rire de gauto fec douſſomen, I: el en rizen plus fort fec, O: & labets la bélo en apuntan les pots fec V: & ſe truféc del courtiſou. O le brabe pays d'Amour, las ceriéros s'y debiton à liuros, & les cezes becuts à manats. Eſplandiſcan aro là girouflado del ſutgét que nous meno. Pelcapdenou douncos beci que coumo tantôs yeu m'afanabi à tira le deſtin amourous de doutze brabes Cabaillés, enbalauzit de courre les arboouts del cél en tenebros & ſilenci, mous fideles Demoús de qui l'Amour ſe ſerbis per eſtuja dedins vn cor o calimas o tourrado, m'án apres que toutos las Eſtelos, Luſcrambos eternalos, Fineſtretos de criſtal per oun las dibinitats nous eſpion, s'éron mudados dins Touloufo, al-

tour de lour bél Soulel, qu'eftimo may lour caufa
la perfecciu que l'efclipfi dan la grand'boundan-
cio de fas aimablos, més admirablos clartats. In-
countinen & dins vn biran de ma yeu é pres la
pofto fus vn traquanart de bent, & me foun rendut
aci, oun adeja remiri le bél foulel qu'admiri, deja
clarejo la Luno d'vn couftat, de l'autre l'amiftou-
feto Venus. Deja par Mars le gen de guérro. Deja
part l'ourdinari des Dius, Mercuro. Bezi Saturno
le penfatiu, & Iupiter le deffarro-pericles. Térro
de laule quand de Lugras, quand de tres Bourdous
quand de Clouquetos. Affos moun joc. Metan
dounc en mas noftres vftiffes aftronomics per
countenta les Cabaillés amouroufes.

Ay. ay, nous én toutis néau fe le bent nou fe biro.
Yeu nou bezi que ferbicis mefprefats, fidelitats
mal recounefcudos, refuzes de fabous, afeccius
debrembados, & paffes perduts de feletras.

A toutosfis afi que les brabes Courtefiéns pof-
con adoura lours douffos enemigos, yeu boli que
mous Efprits les porten aci prefentomen; car yeu
m'affeguri que l'Amour que trepejo le poude de
las eftelos, fara tout à l'aunou de fous fabourits, &
que fouïgnat de la grandou de lours meritis cam-
biara le fer de lours martiris en bel or de counten-
tomens. Per affo, yeu bous coumandi Efprits de
Mati-matôs, de deça & dela, Laquais de ma bou-
lountat, de nous fa beze doutze Cabaillés, Tres de
la Chino dins l'Afio, que porten le titre d'incoun-
ftans, & que per fubrepes, fion ritches en toutos

bélos qualitats. Tres de l'Africo, africs à las plus
grandos entrepresos. Tres Toupinambous de
l'Americo, Hurouses, & triats en gentilesso, coumo
en préts las grossos pérlos de lour pays. Tres de
l'Europo aymables, coutinauts, & de qui las accius
nou poden passa que per autant de merbeillos.
Quand elis Tres dansaran en Pastourelets, cal dire
del prumié, que jamay le janti Bergé jutge de la
poumo d'or, nou fourec tant acoumplit en gra-
cios. Quand toutis dancen en Cabaillés, yeu triaré
le metis seignou, per, de sa balou, brabetat & per-
feccius dama la renoumado de milanto Cabaillés
que l'Antiquitat hounoro.

Oubeisséts doüc courredisses Poustilhous à qui
bous counjuro per la doussou de dous poutets
beziadomen couzuts d'amb'vn agulhé de sedo
d'amistanço. Per las boulugos qu'vn cop d'él en-
sucrat recatto dins vn armo gentilo. Per les gra-
tilhous d'vn Compagnou que la Massipo refuso
finomen, coumo le gatet vno friandiso, que bran-
dis le cap digomendiu que n'au bol pas, & cepen-
dan au pren. Per cent relebomens de moustachos,
Per las permenados, Musicos, brespaillas, paraule-
tos de sucre, presens, filhols, bals, balés, coursos de
bago, & toutos apartenenços amourousos.

Bref per aquestis barboutinomens secrets.
Nihirgo nhargo pastenargo, balico baloco croco
le me croco dan l'espazo de moussen Bernad clic
clac clic clacl.

Couratge, garats les aci. Chut, car yeu soun ben-
gut per men tourna, mentre que dan g auch &
dan salut d'éls, & d'aur eillos les bélis esprits tasta-
ran le demouran.   Men bau.

9 782329 769653